U0511259

本书获国家自然科学基金青年项目“出口企业集聚对产品质量提升影响机制：基于近邻异质性和企业内资源重置的研究”（71903023）、教育部人文社会科学研究青年项目“出口集聚影响资源配置效率的微观机理、实证测度与提升路径研究：企业加成率异质视角”（18YJCZH023）、2019年辽宁省一流学科专项经费“面向高质量发展的若干重大经济问题研究”（30920003）的资助。

出口产品异质性对出口持续期限的影响研究

戴美虹 著

CHUKOU CHANPIN YIZHIXING DUI CHUKOU CHIXU QIXIAN DE YINGXIANG YANJIU

中国社会科学出版社

图书在版编目(CIP)数据

出口产品异质性对出口持续期限的影响研究／戴美虹著．—北京：中国社会科学出版社，2020.4

ISBN 978－7－5203－6212－2

Ⅰ.①出… Ⅱ.①戴… Ⅲ.①出口产品—影响—企业管理—出口贸易—研究—中国 Ⅳ.①F752.62

中国版本图书馆CIP数据核字（2020）第055044号

出 版 人 赵剑英
责任编辑 刘 艳
责任校对 陈 晨
责任印制 戴 宽

出 版 中国社会科学出版社
社 址 北京鼓楼西大街甲158号
邮 编 100720
网 址 http://www.csspw.cn
发 行 部 010－84083685
门 市 部 010－84029450
经 销 新华书店及其他书店

印 刷 北京明恒达印务有限公司
装 订 廊坊市广阳区广增装订厂
版 次 2020年4月第1版
印 次 2020年4月第1次印刷

开 本 710×1000 1/16
印 张 11.75
插 页 2
字 数 175千字
定 价 66.00元

引　言

改革开放以来，中国出口繁荣备受世界瞩目。1978 年，中国出口贸易额仅 97.5 亿美元，居于世界第 29 位。2007 年突破万亿美元，位居世界第二，并于 2009 年跃居全球首位，对同期世界货物贸易出口总量的贡献约 9.0%。此后，2013 年中国成为全球第一大进出口货物贸易大国，这是中国对外贸易发展中的又一大里程碑。然而作为世界第一货物贸易大国，中国出口贸易不可避免地受到世界经济波动的影响，如何稳定出口贸易发展、延长出口贸易持续期，成为保障我国出口贸易增长的重要议题。微观企业是最重要的市场主体和国民经济细胞，稳定中国出口贸易发展，体现在微观层面上就是要延长中国企业出口持续期，即延长企业既有出口贸易关系持续的时间。但是我国微观企业倒闭概率较高，企业出口持续期短暂问题引人关注。例如，国家工商总局发布的《全国内资企业生存时间分析报告》数据表明，2000—2012 年间中国近五成企业年龄在 5 年以下、企业成立后 3—7 年是退出市场高发期即企业生存时间的“瓶颈期”。周世民等（2013）研究发现，2000—2005 年间我国企业出口平均生存时间为 1.6 年，企业出口贸易关系仅存在连续 1 年的比例高达 55.8%，随着企业出口持续时间延长到 3 年和 4 年，存活下来的出口企业数量占比分别为 7.9% 和 3.8%，且中国企业出口持续期达到 5 年的企业数量占比仅为 1.8%。

如何延长我国企业出口持续期、稳定出口贸易发展？本书旨在新新贸易理论研究框架下，基于一个垄断竞争市场的多产品异质性企业贸易模型，揭示出口产品异质性对企业出口持续期的影响机制，并依托中国微观数据进行实证研究。突破传统国际贸易理论，克鲁格曼

(Krugman) 1979 年研究作为新贸易理论开山之作将研究视角深入至微观企业层面，但企业的同质性假设无法回答何种企业生存、何种企业被淘汰的问题。以梅里兹（Melitz）2003 年研究为代表的异质性企业贸易模型通过假设企业异质性，解释了上述问题并揭示了资源如何在异质企业之间优化配置，但模型之中假设每个企业生产单一产品。直到近年来，通过假设企业内产品异质性的多产品异质性企业贸易模型愈发受到国际贸易学者的关注，产品异质性假设使得刻画资源如何在企业内部产品之间进行重置成为可能。然而截至目前，既有研究缺乏对出口产品异质性如何影响企业出口持续期这一影响机理的洞察。由此本书试图为新新贸易理论中多产品异质性企业贸易模型研究提供一个有益补充。

由于经济发展阶段不同，发展中国家的企业在资源配置效率等方面的表现与发达国家企业有所差异。特别地，加工贸易是许多发展中国家从事出口的常见且重要贸易形式，而加工贸易企业行为决策和绩效表现不同于一般贸易企业。然而既有新新贸易理论研究中，缺乏关注并考虑发展中国家企业与发达国家企业行为模式等方面差异性的讨论。因而，本书在理论和实证研究中引入能够反映发展中国家特别是中国出口贸易现实情况的因素进行探究，以期所得结论更贴近我国经济发展实际情况。具体来说，本书的篇章结构如下。

第一章是对产品异质性和贸易持续期相关理论和文献进行回顾梳理工作。从国际贸易领域中产品异质性的理论发展脉络和演进过程来看，古典和新古典贸易理论假设产品同质，新贸易理论重视产品多样化，新新贸易理论从假设企业异质性到假设产品异质性，本书对每一次理论演进及其现实背景进行了概述。有关贸易持续期问题，本书主要从其相关理论基础、定量估计方法以及进出口贸易持续期影响因素进行了总结和分析。

第二章是产品异质性对出口贸易持续期影响的理论机制探究。本书以一个经典多产品异质性企业理论模型为基础，引入反映中国等许多发展中国家出口贸易特征的因素对理论模型进行拓展，以期揭示出口产品异质性影响出口贸易持续期的作用机制。具体来说，本书从出口产品范围、出口产品转换和出口集中度三个维度考察产品异质性特征，进而探究其如何重置企业内资源影响出口贸易持续期。

第三章是特征性事实分析。依托于我国微观数据，本书研究发现多产品企业是中国出口贸易企业的主体形式；中国企业内部出口产品种类频繁转换，随着出口产品种类的增加，企业平均出口产品集中度趋于下降；区分贸易方式的分析表明，中国纯粹加工贸易出口企业的出口产品范围相对较窄，内部出口产品转换活动不及一般贸易和混合加工贸易出口企业活跃。此外，本书采用 Kaplan – Meier 方法对具有不同出口产品异质性特征的中国企业出口持续时间分布进行了初步比较和描绘。

第四章和第五章是出口产品异质性对我国企业出口持续期影响的实证研究。为了规避样本选择性偏误和内生性问题，采用倾向得分匹配方法（PSM）对数据样本进行匹配。为了克服对应后数据库的样本偏倚性问题，本书构建企业权重指标并将其纳入实证研究之中。基于匹配后样本，采用离散时间 Cloglog 生存分析模型及 Probit、Logit 模型展开实证估计。估计结果总体上验证了理论研究命题，并且区分贸易方式的估计结果表明，纯粹加工贸易企业通过出口产品异质性触发企业内资源重置进而影响出口持续期的效果有限。

第六章是拓展分析，本书采用多元倾向得分匹配模型和我国微观数据样本，对出口和对外直接投资如何影响我国企业生存寿命的效果进行了比较分析。研究结果不仅再次验证了出口贸易对提高我国企业存活概率的积极作用，而且表明对外直接投资亦能有效促进我国企业延长存活期限。

第七章是本书主要结论和政策启示部分。一方面对本书理论和实证研究主要结论进行了总结，另一方面基于研究结论力争为我国企业制定国际化战略和延续出口持续期，为我国稳定出口贸易发展提供决策依据和参考。

囿于作者知识水平有限，书中难免存在疏漏和不足之处，因此恳请诸位专家学者批评指正，以便及时勘误，使作者在未来学术生涯中不断前进。

目　　录

第一章　产品异质性和贸易持续期研究的理论基础和文献回顾

第一节　产品异质性和贸易持续期概念界定

一　企业异质性

在阐述产品异质性的概念之前，本书首先对企业异质性的内涵进行诠释，以期为如何理解多产品企业和产品异质性奠定基础。在国际贸易研究中的新新贸易理论分析框架下，以梅里兹 2003 年研究为开篇之作的异质性企业贸易理论所描述的企业异质性（Firm Heterogeneity），主要指的是行业中每个企业在生产率（生产成本）上存在差异。而且，这种差异导致了企业之间绩效和行为表现的不同——高生产率企业能够进入出口市场并得以存活，低生产率企业进行内销甚至被市场淘汰而倒闭。最终，资源将从退出企业向存活企业上汇集，从而揭示了行业内、异质企业间的资源重置和优胜劣汰效应。而在此之前，国际贸易领域对于资源配置这一经济学研究核心议题的考察，是基于国家行业间层面展开的。正因如此，崔凡和邓兴华（2014）指出，梅里兹 2003 年研究是国际贸易学术史上承前启后的里程碑。

二　产品异质性

虽然以梅里兹 2003 年研究为代表的异质性企业模型诠释了何种企业存活、何种企业被淘汰以及行业内企业间的资源重置问题，但模型中暗含着一个企业生产一类产品的假设，即企业为单产品企业。然而现实中很多企业是从事多种产品的生产和经营，这种企业被称为多产品企业（Multi-product Firms）。

截至目前，产业组织领域的多产品企业研究较为系统和全面。在新新贸易理论研究框架下，相比单一产品假设的经典异质性企业贸易模型，多产品异质性企业贸易模型则假设企业生产与经营多种产品。伯纳德等（Bernard et al.）于2010年和2011年研究中的经典多产品异质性企业贸易模型，强调产品异质性（Product Heterogeneity），这指的是企业内部（Within-firms）不同种类产品之间的差异，并且根据既有研究可知这种差异具体表现在企业内部不同产品间（Across Products）产品属性的差异。这里产品属性（product attribute）可理解为产品质量，也是对其他反映企业内部某种产品特征的概括。在伯纳德等2010年和2011年的模型构建中，产品属性反映了消费者对某类产品的偏好。此后迈尔等（Mayer et al.）于2014年构建的多产品异质性企业贸易模型中产品异质性主要体现为边际生产成本的差异。具体来说，他们指出每个企业内部都存在一类生产率最高、生产成本最低的产品即核心产品，随着企业内其他产品相比核心产品的距离逐渐增加，产品的生产率逐渐降低、生产成本逐渐提高，从而形成企业内产品的“能力阶梯”（Competence Ladder）。产品异质性下的多产品异质性企业贸易模型突破于基于单一产品假设的异质性企业贸易模型理论框架，不仅回答了企业内部经营何种产品、淘汰何种产品的问题，而且揭示了企业内异质产品间“资源再配置效应”的存在。而在多产品异质性企业研究以前，资源重置在企业内部的发生与作用是被国际贸易学者忽视的。

本书数理模型的分析，将在新新贸易理论既有多产品企业贸易模型研究框架下展开，具体来说，从企业出口产品异质性出发，考察出口产品范围、出口产品转换和出口产品集中度三个维度。出口产品范围，描述了企业内部出口产品属性的范围区间、异质产品出口的广度，由企业出口产品种类衡量；出口产品转换，即异质产品增加、减少的转换情况，描述了企业内部出口产品属性区间的变化、出口产品组合的转换和产品间的资源优化配置；出口产品集中度，即企业内部核心出口产品贸易占比，描述了企业资源向某类出口产品集中的程度。

三　贸易持续期

贸易（联系）持续期，也被称为贸易（关系）持续时间，指的是国家或地区贸易商品从进入市场到退出市场所经历的时间和持续期（duration），反映了贸易关系的稳定性和持续性，许多学者如邵军（2011）、陈勇兵和李燕（2012）及冯伟等（2013）均指出贸易持续期是国际贸易研究中一个新兴且愈发受到重视的议题。郭慧慧和何树全（2012）认为相比传统国际贸易理论一般认为贸易关系一旦建立便会持久下去，侧重于贸易对象和贸易内容等方面的研究，贸易（联系）持续期研究则注重为贸易关系在短时间内不断开始、中断提供有力解释，其侧重考察的是贸易关系和持续时间能否稳定和长久。基于微观企业层面分析，现实中大量企业频繁进入、退出世界市场。这里企业从进入到退出国际市场的持续时间，可理解为企业贸易持续期，反映了企业在国际市场中能够持续经营、不退出市场的可能性。

本书中从微观层面探究中国出口贸易持续期，即聚焦于企业出口持续期的考察，指的是企业从进入出口市场到退出出口市场的贸易持续时间。截至目前，国际上主要采用生存分析方法（Survival Analysis）探讨贸易持续时间问题，具体来说，普遍采用危险概率（贸易关系于某个时间点后终止的概率）描述贸易持续时间分布特征。因而本书借鉴既有研究，以企业出口风险率，即企业退出出口市场的风险概率为切入点考察和分析企业出口持续期：企业出口风险率越低，表明企业终止既有出口贸易关系的可能性就越低，意味着企业出口持续期更长。

第二节　产品异质性的相关理论和文献回顾

国际贸易理论是主要解释国际贸易产生原因、贸易模式、趋势和经济效应的理论。伴随着国家和企业贸易实践活动，国内学术界居主流的观点是国际贸易理论主要经历了如下发展阶段和演变过程：古典贸易理论、新古典贸易理论、新贸易理论和新新贸易理论。国际贸易理论的每一次推进，都是对既有国际贸易理论不完善之处的发展。本书以国际贸易理论中有关“产品”假设的分析为主线，从古典和新古典贸易理论假设产品同质、新贸易理论强调产品多样化到新新贸易理论多产品企业贸易模型中假设产品异质性的发展脉络，阐述与梳理与产品异质性相关的贸易理论。

一　古典和新古典贸易理论与产品同质性

古典贸易理论是传统贸易理论的一个重要分支。追溯到18世纪70年代，英国古典经济学家和古典贸易理论的奠基者亚当·斯密(Adam Smith)，于1776年在《国民财富的性质与原因的研究》一书中深刻批判了于16世纪开始盛行的欧洲重商主义学说。与重商主义认为国际贸易是“零和博弈”的观点不同，斯密的绝对优势理论认为国际贸易双方能够通过国际分工进而实现“双赢”。绝对优势理论不但诠释了国际贸易的基础和产生原因，而且回答了国家如何进行贸易的问题——各国应生产并出口自身具有“绝对优势”的产品。由此各国按照绝对优势获得专业化得益（Gains from Specialization）。然而考虑一个极端的情况：如果一国在所有产品的生产上相比另一个国家都具有绝对优势，那么两国是否仍会有贸易发生？现实中我们发现世界上开展国际贸易的两国许多都符合上述情形，这样一来绝对优势理论就具有应用上的局限性。而英国古典经济学家大卫·李嘉图（David Ricardo）提出的比较优势理论进一步完善了绝对优势理论，从而解释了上述现象：1817 年他在《政治经济学及赋税原理》经典著作中提出，国家无论经济发展阶段如何、经济力量强弱，都可出口自身在生产技术上具有“相对优势”的产品，从而优化资源在国家的配置，实现贸易双方互利共赢。

此后通过克服比较优势理论中假定只有一种生产要素（劳动力）的局限性，并进一步从资源禀赋而非劳动生产率差异诠释了国家比较优势的来源，赫克歇尔（Heckscher）和俄林（Ohlin）两位经济学家共同发展提出了赫克歇尔—俄林理论（要素禀赋理论）、简称 H—O 理论（下文同），并成为新古典贸易理论这一传统国际贸易理论又一大重要分支的核心。该理论认为一国出口的是自身在资源禀赋方面具有比较优势的产品，这类产品在生产过程中表现为密集使用该国充裕性的生产要素。此外，李嘉图模型通过假定生产中存在两种生产要素，考虑到了国家不同利益群体之间收入分配格局的问题，而这是古典贸易理论并未涉及的。

值得说明的是，虽然古典和新古典贸易理论为国际贸易理论的后续发展奠定了坚实的基础，但也存在着有待完善之处，一个重要的表现是，上述理论以完全竞争市场中产品同质为假设基础；国际贸易得利主要源于专业化和国际分工所带来的资源优化配置。然而在实际生产实践中，产品并非同质而是呈现多样化发展特征，因而古典和新古典贸易理论产品完全同质的假设与现实情况有所偏离。而且豪斯曼等（Hausmann et al.）于 2007 年研究中认为出口什么对经济增长至关重要，不同产品部门的专业化生产和出口对经济增长存在差异影响，例如“错误”部门的专业化出口或许会导致国家陷入“贫困化陷阱”。

二 新贸易理论与产品多样化

弗农（Vernon）于 1966 年通过结合产品生命周期和技术进步，关注并研究了 20 世纪 60 年代后的国际贸易实践新特征，从而提出产品生命周期理论，该理论蕴藏着对产品多样化的重视。其强调产品在其生命周期的不同阶段上所需投入要素比例的规律性变化；发达国家由于最初在技术和资本上更为丰裕从而不断生产新产品，产品多样性逐渐丰富，特别是在成熟期阶段产品差异化特征加剧，从而被发达国家市场淘汰的既有产品将转移到发展中国家，带动发展中国家对产品的模仿创新活动。

在新贸易理论开篇之作克鲁格曼1979年的研究中，他以迪克西特和斯蒂格利茨（Dixit & Stiglitz）1977年构建的D—S垄断竞争模型为基础，将垄断竞争市场、规模经济和产品多样化统一到国际贸易理论研究中构建一般均衡模型。该模型中：明确假定消费者具有多样性偏好，从而产品多样化作为国际贸易利益新来源被提及并逐渐重视起来。芬斯特拉（Feenstra）2010年指出，传统贸易理论并未将产品多样化视为贸易利益的来源，而新贸易理论则对产品多样化引起了重视。如果假定存在规模经济，从而解释了不存在技术和要素禀赋差异时国际贸易一样会发生的原因。具体地，克鲁格曼1979年构建的模型中假设每个消费者满足相同的效用函数。具有突破性地，他通过在生产函数中设置固定成本刻画了规模报酬递增的情形，该模型的生产函数为：

$$l_i = \alpha + \beta x_i (\alpha, \beta > 0) \tag{1.2.1}$$

其中，固定成本和可变成本分别用 α、β 代表；由此平均成本会随着产量 x_i 的增大而减少。接下来考虑构建均衡条件和最优化决策。通过消费者效用最大化约束条件构建拉格朗日函数，p_i 是生产者定价：

$$R = \sum_{i=1}^{n} v(c_i) + \lambda\left(\sum_{i=1}^{n} p_i c_i - w\right) \tag{1.2.2}$$

从而可以得到消费者最优决策。此外，根据边际成本加成定价法得到生产者最优决策 $p_i/w = \beta\varepsilon_i/(\varepsilon_i - 1)$，其中 ε_i 代表产品 i 的弹性；根据垄断竞争市场性质，令利润为零，即 $\pi_i = p_i x_i - (\alpha + \beta x_i) w = 0$，得到 $p_i/w = \beta + \alpha/(Lc_i)$，其中 $x_i = Lc_i$，表明产品市场出清、生产数

量与消费数量相等。

而且克鲁格曼 1979 年研究中对新贸易理论的产品多样化分析，能够为产业内贸易现象提供解释。如果说传统贸易理论较好地阐述了各国同一产业产品间的单向贸易即“产业间贸易”（Inter-industry Trade）情形，但其无法解释 20 世纪 60 年代后国家之间出口与进口同类型产品即“产业内贸易”（Intra-industry Trade）迅速发展起来的现象。但如若考虑产品的多样性和差异性，那么产业内贸易现象便不难解释。

综合上述分析可知，重视产品多样化对国际贸易研究的重要意义，是新贸易理论的主要贡献之一。此后产品多样化在国际贸易理论和经验研究中被广泛讨论，国内外学者从不同角度对产品多样化的内涵、测度、产生原因，及其对经济增长、国际贸易和消费者福利的影响效应进行了讨论和深入挖掘。截至目前，学术界普遍采用的产品多样化测度指标主要包括标准化赫芬达尔指数、（相对）基尼指数等衡量出口集中度的指标，以及芬斯特拉（Feenstra）1994 年研究中构建的指数等。有关产品种类和经济增长的关系，内生增长理论为其提供了理论方面的解释。基于世界各国产品数据的分析提供了经验研究方面的证据，许多研究指出出口产品多样化与经济增长之间呈现“U 型”曲线关系，例如，克林格和莱德曼（Klinger & Lederman）2006 年、卡多等（Cadot et al.）2011 年以及帕特卡和坦贝里（Parteka & Tamberi）2013 年研究持有这一观点。然而来自中国出口产品多样化的研究发现，在宏观国家和中观行业层面，国内学者对中国出口贸易呈现产品多样化抑或专业化发展特征的观点尚未统一，如韩剑（2009）、邱斌和许志新（2013）及陈蓉和许培源（2014）的研究观点并不完全相同。

虽然克鲁格曼 1979 年的研究深入至微观企业层面，但李春顶（2010）认为其模型之中所有企业却是完全同质和对称的，这意味着假设企业的生产是一个“黑箱子”、生产技术保持一致，这便提出了新的挑战：何种企业存活、何种企业被淘汰？如果说传统国际贸易理论诠释了贸易开放如何带来行业间的资源配置和优胜劣汰效应，那么资源配置和优胜劣汰效应如何在行业内企业之间发生作用？这些疑惑催生着国际贸易理论的再一次完善与发展。

三 新新贸易理论与单产品企业的企业异质性

邓翔和路征（2010）指出自新贸易理论提出以后，国际贸易理论的前沿进展甚少。直到 2003 年哈佛大学梅里兹教授通过打破企业同质假设构建了一个蕴含单一产品假设（单产品企业）的异质性企业贸易模型框架，从而解决了长久以来困扰学术界的难题——为何不同企业生存状态、绩效表现和国际化路径决策有所差异，资源如何在行业内部企业之间进行配置。由于新贸易理论假设企业同质，因而均衡时同一行业内部不同企业的利润、产量及其他决策行为应该保持一致，但随着微观数据的可获取性增强及计量经济学方法的普及，许多学者研究发现现实中不同企业存在较大差异，典型的表现是同一产业内部只有少数企业从事出口，并且出口企业相比非出口企业具有更高生产率水平和工资水平、规模更大，这一发现被伯纳德等（Bernard et al.）于 1995 年、季斯等（Clerides et al.）于 1998 年、伯纳德和杰森（Bernard & Jensen）于 1999 年以及伯纳德和瓦格纳（Bernard & Wagner）于 2001 年基于微观数据所证实。而通过假设企业生产率异质，梅里兹于 2003 年回答了上述问题：高生产率企业存活并能够进入出口市场，低于国内生存生产率门槛值的企业退出市场。因而，行业内资源重置效应作为贸易利益来源被重视起来。由此鲍德温和罗伯特-尼库德（Baldwin & Robert-Nicoud）于 2004 年明确提出新新贸易理论（New New Trade Theory）。该理论顺延了新贸易理论中不完全竞争市场和规模经济的假设，不同之处是假设企业的异质性。李春顶（2010）认为目前新新贸易理论研究可概括为两个大的研究方向：一个是以梅里兹 2003 年研究为代表的企业国际化路径选择研究方向，又被称为异质性企业贸易理论（Heterogeneous-firms Trade Theory）；另一个是以安特拉斯（Antras）2003 年研究为代表的企业全球组织生产抉择研究方向，又被称为企业内生边界理论（Endogenous Boundary Theory of the Firm）。

1. 异质性企业贸易理论

梅里兹 2003 年经典模型在一般均衡的垄断竞争模型下假设企业异质性，余智（2015）指出其可视为克鲁格曼 1979 年模型的扩展。此处对梅里兹 2003 年经典模型概述如下。假设消费者偏好满足 CES 型效用函数：

$$U = \left[\int_{w \in \Omega} q(w)^{\rho} dw \right]^{1/\rho}, 0 < \rho < 1 \tag{1.2.3}$$

其中：$q(w)$ 是对行业内连续产品品牌（Ω 代表庞大的产品集合）的消费量；ρ 为商品间的可替代性。利用消费者预算约束建立拉格朗日函数，可推导得到所有商品的价格指数：

$$P = \left[\int_{w \in \Omega} p(w)^{\frac{\rho}{\rho-1}} dw \right]^{\frac{\rho-1}{\rho}} \tag{1.2.4}$$

生产者供给方面，企业生产的成本函数与克鲁格曼 1979 年研究类似，由固定成本 f 和可变成本两部分构成：

$$l = f + q/\varphi \tag{1.2.5}$$

且产品定价策略同样遵循成本加成定价法，加之令国家工资标准化即为 1，则产品价格表达式为 $p(\varphi) = 1/(\rho\varphi)$。据此结合企业销售收入表达式，则可获得企业利润函数：

$$\pi = pq - l = \frac{R(P\rho\varphi)^{\sigma-1}}{\sigma} - f, \sigma = \frac{1}{1-\rho} > 1 \tag{1.2.6}$$

令企业利润为零，便可构建零利润条件（Zero Cutoff Profit），且此时的生产率（以 φ^* 代表）被称为临界生产率水平；只有当企业生产率大于临界值水平时，才能克服生产所需成本盈利，从而存活于市场。另一方面，设置企业进入市场的“净价值”为 v_e，生产率累积概率分布 $G(\varphi)$，也遇到负面冲击时不得不退出市场的可能性 δ，以及整个行业内平均的企业利润水平 $\pi(\bar{\varphi})$，便可得到市场自由进入条件（Free Entry）：

$$v_e = \frac{1 - G(\varphi^*)}{\delta}\pi(\bar{\varphi}) - f_e \tag{1.2.7}$$

由零利润条件和自由进入条件，可确定封闭状态下临界企业的生产率水平，从而确定市场中企业数目、平均生产率、价值指数等。此外，考虑开放市场的情形。由于从事出口所需固定成本（设置为 f_x）大于国内固定成本（设置为 f_d），则利用零利润条件可知，出口企业生产率高于非出口企业，这便解释了经验研究中发现的出口企业更高的现象。当开放后市场自由进入条件不变，但贸易自由化会使得零利润生产率临界值（φ^*）上升、设置上升后的生产率临界值水平为 $\varphi^{*\prime}$，则生产率水平介于二者之间的企业将退出市场，由此刻画了行业内资源在企业之间重新配置的机制。

通过上述分析可知，生产率是异质性企业贸易理论中企业国际化路径抉择的关键要素。来自各国的经验研究也充分挖掘了生产率与企业出口的关系。一方面，进行内销的高生产率企业才能够在支付出口所需成本后仍然盈利，因而自主选择进入出口市场，这被称为“自我选择效应”。梅里兹 2003 年模型实质上便蕴含着这一思想，其他国内外学者的研究亦普遍验证了这一效应的存在，出口与生产率国际研究组（International Study Group on Exports and Productvitiy，ISGEP）2007 年研究提供了较为有影响力的支持。另一方面，已经从事出口贸易的企业，亦可能通过学习国外先进技术及生产技能，生产率及其他绩效水平得到进一步提升，这被称为“出口学习效应”。然而，既有研究关于这一效应的研究结论并不统一，但赵伟和李淑贞（2007）指出来自新兴工业化经济与一般发展中国家的经验证据基本上验证了该效应的存在，也有学者指出该效应存在于发达国家企业之中，如克雷斯普等（Cresp et al.）2008 年研究，以及洛夫和加诺塔基斯（Love & Ganotakis）2013 年研究持有这一观点。另外，席尔瓦等（Silva et al.）于 2012 年指出该效应结论尚不统一的原因在于考察指标有所差异。

与出口学习效应相对应，进口贸易对企业生产率的影响亦愈发受到国内外学者的关注，陈勇兵等（2012）认为既有研究主要从企业通过新产品引进直接（水平效应）和间接（降低研发成本）影响生产率两个渠道，挖掘进口对企业生产率的影响。而且许多研究都强调了中间品进口对提升企业生产率水平的突出贡献，如哈本恩等（Halpern et al.）2005 年以及卡萨哈利和罗德里格（Kasahara & Rodrigue）2008 年研究等。相比单向出口及单向进口贸易，逯宇铎等（2014）指出企业既出口又进口的“双向国际化”行为由于同时利用国际与国内两个市场、出口与进口两种对外贸易渠道，绩效水平可能会获得更大提高，此外，王和于（Wang & Yu）2012 年、穆斯和皮休（Muûls & Pisu）2009 年、麦肯（McCann）2009 年、沃格尔和瓦格纳（Vogel & Wagner）2010 年以及卡萨哈利和拉帕姆（Kasahara & Lapham）2013 年的研究都围绕进出口“双向国际化”这一问题展开讨论。

2. 企业内生边界理论

新新贸易理论的另一个研究分支，主要探究企业是通过一体化还是外包组织生产。20 世纪末开始生产组织趋于全球化的发展趋势愈发受到关注，垂直型对外直接投资（vertical FDI）和外包（outsourcing）等行为愈发增多，有待国际贸易理论为其提供解释。例如，亚伯拉罕和泰勒（Abraham & Taylor）1996 年、芬斯特拉（Feestra）1998 年以及博尔戈和蔡尔（Borga & Zeile）2004 年的研究等围绕这一问题展开讨论。该支文献以安特拉斯 2003 年研究为起点和代表，他在研究中构建了一个企业边界的不完全合约知识产权模型，模型中引入企业异质性、不完全契约和产权，为企业内贸易模式提供解释：劳动密集型产品倾向于选择外包模式的企业间贸易，资本密集型产品倾向于选择一体化模式的企业内贸易。基于梅里兹 2003 年异质性企业贸易模型，安特拉斯和赫尔普曼（Antràs & Helpman）于2004年构建了一个南北贸易模型，其中差异化产品假设由北方生产，企业组织形式的选择由总部密集程度和企业异质性共同影响：当总部密集型高的部门时，随着企业生产率水平的提高，企业会依次选择在北方外包、在北方一体化、在南方外包和在南方一体化（FDI）四种形式；对于零部件型部门（即总部密集性较低），企业不会选择一体化，随着生产率的提高，企业会选择在北方外包而后在南方外包。为进一步分析南北贸易，安特拉斯（Antràs）2005年构建了一个动态的李嘉图一般均衡模型，从契约不完全性出发刻画了产品生命周期：最初产品在北方制造，而后通过FDI和外包转移到南方企业。此外，格罗斯曼和赫尔普曼（Grossman & Helpman）2005年、科斯蒂诺（Costinot）2005年、格罗斯曼等（Grossman et al.）2006年及马林和维迪尔（Marin & Verdier）2008年研究都丰富了该支文献的研究内容。

综合上述新新贸易理论分析可知，异质性企业贸易理论是新新国际贸易理论的核心，企业异质性的假设是其相比新贸易理论的最大突破，从而揭示了资源在行业内、企业间的重置效应，解释了企业国际化路径抉择问题。然而，上述以梅里兹2003年为代表的异质性企业贸易模型之中，但并未明确假定一个企业生产经营多个产品的情况，企业内部产品的异质性及资源在企业内产品间的重置效应长期以来被国际贸易领域学者忽视。

四　新新贸易理论与多产品企业的产品异质性

以梅里兹2003年研究为代表的异质性企业贸易模型假定企业生产一种产品（单产品企业），但来自经验分析的许多证据都表明，现实中的企业往往生产和经营多个产品种类（多产品企业），企业并不只是集中于一种产品的生产经营，这再次推动了国际贸易理论的进一步发展，推进着新的国际贸易理论登上历史舞台。由此，新新贸易理论的多产品异质性企业贸易模型研究萌芽并不断发展起来，该研究分支反映和强调企业内部存在产品异质性。由于新新贸易理论的新近发展方向——多产品异质性企业贸易模型的研究，是在对生产实践中多产品企业特征和行为进行事实挖掘和现实观察的基础上发展起来的，因而本书此处首先对有关多产品企业特征的现有文献进行分析，其次梳理与阐述假设产品异质性的多产品异质性贸易模型研究发展现状。

1. 多产品企业特征分析

有关多产品企业特征分析，大致可以分为三类：多产品企业普遍存在的特征事实、多产品企业内部产品转换的资源重置效应分析以及多产品企业内部集约边际与扩展边际关系的讨论。第一，多产品企业普遍存在的特征事实分析。伯纳德等 2010 年基于 1997 年美国微观企业数据样本发现，多产品企业数量占比 39%，但却贡献了考察期间高达 87% 的美国产出；而且企业产品跨行业、跨部门生产的情况较为普遍，每个企业平均生产 3.5 个产品，分别平均在 2.8 个、2.3 个行业和部门从事生产。此外，来自不同国家的经验分析证据均表明了多产品企业广泛且普遍存在的客观事实：高柏等（Goldberg et al.）2010 年利用印度 1989—2003 年企业数据发现多产品企业数量占比虽不到半数（47%），但对印度产出的贡献高达 80%，每家印度企业的平均产品数为 3.06。埃利奥特和维拉（Elliott & Virakul）2010 年采用 2001—2004 年间泰国微观企业样本的经验证据指出，有约 43% 的泰国企业为多产品企业，且多产品企业对泰国产出的贡献约为 58%。纳瓦罗（Navarro）2012 年研究发现，在 1996—2003 年间智利的所有非出口企业和出口企业中，多产品企业数量占比分别为 40% 和 12%，对制造业产出的贡献比例分别为 16% 和 40%。伯纳德等（Bernard et al.）2014 年研究指出，2005 年比利时有 65% 的出口企业出口多个产品种类，而且这类企业贡献了高达 98% 的国家出口贸易额。阿达莱特（Adalet）2009 年研究发现，1996—2007 年间新西兰的多产品企业对出口额贡献也很高（99.45%），且每个多产品企业平均生产 22

个产品，多产品企业数量占比约72%。贝尔图和凡特（Berthou & Fontagne）2013年指出1993—2005年间，法国有50%的出口企业向每一个目的地中出口不超过2种产品，但出口前5%的出口企业向每一个目的地出口19个或者更多的产品种类。来自中国的经验分析，同样发现多产品出口企业普遍存在的客观事实。例如，邱和于（Qiu & Yu）2014年研究指出，2000—2006年间中国多产品出口企业数量占比约79%，且占出口总额比例高达91.4%。钱学锋等（2013）发现，2000—2005年间中国出口企业中有平均75%的企业为多产品企业，且其平均占据95%以上的中国出口贸易额。蒋灵多和陈勇兵（2015）研究发现，2000—2006年间中国多产品出口企业数量占比为74.9%—79.3%，占据出口贸易额的比例范围是89.9%—93.7%。索德博姆和翁（Söderbom & Weng）2012年采用中国东北内蒙古国有林业的国有林业局和企业数据，研究指出，2004—2008年间中国企业产品转换活动频繁且对于产出增长具有积极影响。

第二，多产品企业内部产品转换的资源重置效应分析。由上述分析可知，企业生产、出口多个产品种类的现象广泛且普遍存在。此外，既有研究已提供企业内部产品种类转换频繁、资源在企业内部产品之间进行优化配置的证据。伯纳德等2010年研究显示，1987—1997年间，经产出加权后美国有89%的制造业企业进行产品转换，其中68%的企业既增加新产品又剔除旧产品，这也是熊彼特（Schumpeter）1934年“创造新破坏”在企业内部产品层面的反映。1996—2003年间持续经营的智利企业中，每三年进行产品转换的企业比例为30.18%。马索和沃特尔（Masso & Vahter）2012年研究指出爱沙尼亚企业内部亦显著发生着产品转换活动，1995—2009年间基于CN—4标准的产品种类划分来看，企业内部增加新产品、剔除旧产品的比例分别为36%、35%。阿达莱特2009年研究发现，1996—2007年间新西兰有79%的企业内部发生既增加新产品又剔除旧产品的产品转换和资源重置活动，当以出口额加权后，这一比例提高到97.3%。然而，也有国家的经验证据表明并非所有企业内部都发生着产品层面的“创造性破坏”活动：高柏等2010年研究发现，1989—2003年间印度企业以增加新产品种类为主，经产出加权后进行产品净增加的企业比例为76%，而既增加新产品又剔除旧产品的企业数量占比仅为5%，说明样本考察期间印度企业内部资源重置效应十分有限。

第三，多产品企业内部集约边际与扩展边际关系的讨论。在以梅里兹2003年研究为代表的异质性企业贸易理论思想指导下，国家出口贸易的增长偏向于企业集约贸易边际（Intensive Margin of Trade），而企业内部通过拓展产品种类或出口目的地而产生的企业内拓展边际（Extensive Margin of Trade）对贸易利得的作用在很大程度上被掩盖了。而且，钱学锋等（2013）指出假设企业单一产品的异质性企业贸易模型中，集约边际和拓展边际的单调关系固化为负相关，虽然这符合纳瓦罗2012年来自于智利企业的经验分析，但这与来自其他一些国家的经验证据不符。例如，高柏等2010年采用美国1997年企业数据发现，企业内部集约边际和拓展边际之间呈现显著正相关，而这种正相关关系也存在于印度企业之中。借鉴伯纳德等2011年的研究方法，埃利奥特和维拉2010年采用泰国数据亦考察了企业内集约边际与拓展边际的关系，基于出口企业数据样本的研究结论与上述来自美国和印度的结论相符，即企业内集约边际与拓展边际关系显著为正；然而当基于企业生产数据进行考察时，二者相关性显著为负。阿德莱特2009年基于新西兰企业的事实观察也表明，企业内部集约边际（产品平均产出）与拓展边际（产品数量）显著正相关。

2. 多产品企业行为决策的影响因素分析

（1）汇率对多产品企业的影响

汇率变动对国际贸易的影响一直是学术界关注的重点问题，然而其影响方向和效果尚未得到十分一致的结论，而且大多研究在国家和产业层面展开。随着国际贸易学者对多产品企业的事实挖掘和多产品异质性企业贸易模型的不断发展，在多产品企业分析框架下探究汇率对企业内异质产品影响的研究逐渐增多；然而截至目前，有关汇率波动如何影响多产品企业行为的研究数量仍相对较少，且缺乏来自中国这一世界贸易大国的分析。

查特吉等（Chatterjee et al.）2013 年探究了 1997—2006 年间汇率波动对巴西多产品企业内部不同产品销售分布的差异影响，其研究借鉴了迈尔等 2014 年的分析。许家云等（2015）从理论模型和实证研究两个方面证实了人民币实际汇率升值对中国企业核心产品出口持续期和出口产品集中度的促进作用，他们分析发现人民币实际汇率升值会缩短企业内部非核心产品的出口持续期、缩小出口产品范围，进而促进企业内产品之间的优胜劣汰，加强中国企业出口的产品竞争力。与此类似，陈婷（2015）实证检验了人民币实际汇率升值对 2000—2006 年间中国企业出口产品范围和销售偏度的影响，研究结果同样表明人民币实际汇率升值将缩小企业出口产品范围，人民币升值 10%、企业出口产品范围平均显著缩小比例为 0.137%，但相对而言，高生产率企业的出口产品范围下降幅度会更小；就对出口产品偏度的影响来看，研究结论指出人民币升值 10%，将使中国企业出口最大、第二贸易额的销售比例增加 0.68%，即人民币实际汇率升值将导致企业出口产品偏度增加。

（2）贸易自由化对多产品企业的影响

既有关于多产品企业的理论和实证研究，已经出现针对贸易自由化（如关税、贸易壁垒变化）如何影响多产品企业行为的研究。伯纳德等 2011 年通过构建一个垄断竞争市场的一般均衡模型，刻画了贸易自由化对多产品企业内部产品动态的影响，揭示了多产品企业内部资源由低属性产品向高属性产品汇聚的过程，且这一资源重置效应有助于多产品企业提高生产率水平。亚科和扎哇依科（Iacovone & Javorcik）2010 年研究了墨西哥多产品企业内部的产品动态，以及墨西哥加入 NAFTA（北美自由贸易协定）对多产品企业行为的影响，结果表明：

墨西哥多产品企业广泛存在且内部产品转换活动频繁，关税下降有助于出口企业出口产品种类的拓展。芬斯特拉和马（Feenstra & Ma）2007 年构建的数理模型存在“自损效应”（Cannibalization Effect），贸易自由化会使得存活的企业更少，且每个存活企业平均生产最佳的产品种类范围取决于考虑“自损效应”和增加新产品后的净利润。马等（Ma et al.）2014 年研究指出，像中国这样一个劳动力资源相对丰富的国家，出口后会通过将资源向劳动密集型产品汇聚而专注于其出口核心竞争力，他们利用中国 2000—2006 年出口企业数据的实证研究验证了这一结论，实证结论指出中国企业出口后会剔除资本密集度较高的产品而增加资本密集度相对不高的产品。

3. 基于产品异质性假设的多产品异质性企业贸易模型

在产业组织领域，国内外学者已对多产品企业进行了较为系统的研究，但在国际贸易领域，在很长的时间里多产品企业被国际贸易学者忽视。在国际贸易研究中，较早涉及多产品企业的文献是鲍德温和奥塔维亚诺（Baldwin & Ottaviano）1998 年的研究，他们在研究外商直接投资与国际贸易的关系时假定企业为多产品企业。而陈勇兵和李东阳（2015）认为国际贸易领域真正意义上的多产品企业理论研究，是随着新新贸易理论长足发展后而开始建立并发展起来的。在基于产品异质性假设的多产品异质性企业贸易模型中，以是否囊括利润侵蚀效应为划分标准，可将既有理论模型研究大致划分为两类。

一方面，不存在利润侵蚀效应的模型研究。迈尔等（Mayer et al.）2014 年在多产品异质性企业贸易模型中不考虑利润侵蚀效应，通过在企业内部构建“质量阶梯”进而刻画产品异质性（不同产品生产成本和生产率的差异）：每个企业都拥有最具核心能力的产品，随着产品从核心到边缘，产品生产成本逐渐上升、生产率逐渐下降，且企业出口目的国市场的竞争程度会影响企业出口产品种类范围。伯纳德等 2010 年通过刻画不同产品的产品属性差异来描述企业内部产品异质性的存在，这种产品属性反映了消费者对产品的需求，因而企业产品范围决策由企业生产率和消费者对“企业—产品”组合偏好所共同决定。他们的模型指出，高生产率企业生产产品范围更广，同时由于生产率和产品需求面临的异质冲击存在，使得企业在内部不断调整产品组合、进行产品转换，这反映了企业内部资源在异质产品间的优化配置过程。此外，伯纳德等 2011 年构建了一个一般均衡垄断竞争模型，刻画了贸易自由化对企业自身和生产、出口产品的影响。他们的模型中企业利润由企业能力和产品属性共同决定：高生产率企业出口的产品种类更多，企业在国内市场生产产品属性低的产品，而将产品属性高即消费者偏好程度高的产品投向出口市场，当考虑目的国对称的情形时，贸易自由化将促使企业资源由低产品属性产品向高产品属性产品上汇集，进而提高企业生产率水平。基于一个垄断竞争框架，阿克拉基斯和穆德勒（Arkolakis & Muendler）2010 年构建了多产品企业贸易模型，其研究结论是，当贸易成本下降，高生产率企业会拓展出口产品范围从而实现出口市场的扩张。此外，邱和于 2014 年假设产品生产成本、揭示了关税对企业出口产品种类的影响机制，但模型中假设企业同质。诺克和耶普尔（Nocke & Yeaple）2006 年建立的多产品企业模型中不存在利润侵蚀效应，强调企业组织管理水平的差异是企业异质性的核心，但研究假设产品对称且边际生产成本相同。

另一方面，阐述存在利润侵蚀效应的模型研究。利润侵蚀效应（Cannibalization Effect）可理解为，企业每增加一种产品，会降低对这一企业既有产品的需求。截至目前，通过假设存在利润侵蚀效应从而构建多产品企业理论模型的研究数量相对较少。例如，埃克尔和尼瑞（Eckel & Neary）2010 年研究，他们假定企业拥有具有核心竞争力的产品，但与伯纳德等 2011 年以及诺克和耶普尔 2006 年研究所不同的是，埃克尔和尼瑞 2010 年模型中企业每增添一条产品线的生产，就会引发更高的产品边际生产成本。因而企业会倾向并聚焦于其核心竞争力产品的生产，进而获得生产率水平的提高，但这意味着生产产品种类的下降。此外，以埃克尔和尼瑞2010年研究为基础，埃克尔等（Eckel et al.）2015年通过刻画一个融入产品质量因素的多产品异质性企业贸易模型，回答了多产品企业是通过产品低成本还是高质量战略能够获得出口成功的问题。近年来，逐渐有国际贸易学者将产品质量引入新新贸易理论模型构建中，这些模型被称为质量扩展型异质性企业模型（Quality-augmented Heterogeneous Firm Models）。特别地，将产品质量引入多产品异质性企业贸易模型，对出口价格、企业贸易动态和行为绩效之间关系的解释更为细致深入，而且产品质量也可视为产品异质性的维度之一，因而本书认为融入产品质量的多产品异质性企业贸易模型研究是国际贸易领域未来的重要发展方向。通过上述分析可知，基于多产品企业内部产品异质性假设、是新新贸易理论框架下多产品异质性企业贸易模型相比单一产品假设异质性企业贸易模型的重大突破。由此，不仅能够清晰地诠释企业如何决定生产、出口何种产品种类，而且揭示了资源在企业内异质产品间的重置效应，为企业内产品之间的优胜劣汰过程提供了解释，为微观层面企业资源配置效率的提高提供了新的视角。

本书上述有关产品异质性相关理论和研究的阐述和把握，是基于国际贸易理论发展脉络进行的。此外，在经济学和管理学研究中，至少还有如下几个理论蕴含和反映了微观企业内部产品异质性的思想，本书此处对其进行概述。熊彼特1934年“创造性破坏”理论思想——该理论指出和强调，以创新谋求生存、经济创新的过程，实质上是破坏旧经济结构、创造新结构的过程，本书认为这对于微观企业以创新求生存的重要启示便是开发新产品、淘汰旧产品，企业产品组合和结构需要不断被破坏、创造产品的新组合和新结构。资源观理论——企业如何获取持续的竞争优势是战略管理研究中的一个重要问题，而资源观理论认为，企业可以通过拥有异质性资源从而提供有别于竞争对手的独特产品或服务，从而维持竞争优势获得存续，如普拉哈拉德和哈默尔（Prahalad & Hamel）1990年、彼得拉夫（Peteraf）

1993年研究体现了上述思想，这说明企业开发具有差异化的异质产品对于企业生存与发展的积极作用。差异化战略理论——波特（Porter）1980年研究认为，企业在众多竞争者中取胜，可以通过三个基本战略方法实现，即总成本领先战略、差异化战略和目标集聚战略，其中差异化战略强调企业需要创造出产业内独特的产品或标新立异的服务，从而吸引消费者使企业获得竞争优势，本书认为这也是开发差异化产品促进企业存活的重要体现。

第三节　贸易持续期的相关理论和文献回顾

一　贸易持续期的相关理论

贸易持续期研究是国际贸易理论研究领域的前沿课题之一，李永等（2015）指出有关贸易持续期问题的理论模型和实证方法研究都处于快速发展之中。一般来说，贸易持续期指的是一段未有中断的某个国家、地区或企业出口或进口产品行为所持续的时间长度。周世民等（2013）总结发现，许多经典贸易理论认为，贸易关系一旦建立便会长期持续下去。传统国际贸易理论并未阐述也并不需要解决贸易持续期的问题，例如：根据赫克歇尔·俄林要素禀赋理论，倘若国家能保持要素禀赋方面的比较优势，那么贸易就会持续下去；鲍德温和克鲁格曼（Baldwin & Krugman）1989年研究指出贸易滞后模型认为企业出口会维持较长时间，因为出口时需要支付沉没成本。新新贸易理论虽然回答了何种企业国际化、何种企业内销的问题，但邵军（2011）指出，该理论并未关注和回答企业进入国际市场后一段时期内可能终止国际贸易的情况。然而现实中贸易持续时间往往较为短暂，虽然通常认为短期内只要确定贸易分工模式贸易就会持续下去，但由于受到诸多因素干扰，贸易联系存在中断甚至频繁中断的可能性。布伦顿等（Brenton et al.）2010年研究认为，维持现有贸易往来，对于促进贸易稳定性和贸易总量的增长十分重要。因而，贸易持续期作为国际贸易领域前沿研究议题之一愈发受到重视并逐渐发展起来。截至目前，陈勇兵和李燕（2012）研究指出对贸易持续期问题的诠释还没有形成一个完整的理论框架，但至少有如下两个理论可以为贸易持续期的理论研究提供进一步完善与发展的启示。

第一，产品生命周期理论（Product Life Cycle，PLC）。该理论是1966年美国哈佛大学教授雷蒙德·弗农（Raymond Vernon）在其研究《产品周期中的国际投资与国际贸易》中首次提出的。该理论认为，新产品从进入市场到被市场淘汰的整个过程可视为产品的生命周期。产品生命要经历开发、引进、成长、成熟、衰退的阶段。具体地，产品引入阶段指的是产品从设计投产到投入市场进入测试的阶段，该阶段中产品生产批量有限，消费者对产品的了解甚少；产品成长阶段，指的是在产品引入阶段获得成功后所进入的阶段类型，这一阶段中产品在市场上不但站稳脚跟而且销量不断攀升，生产成本下降幅度较大，会达到生命周期利润的最高点；在产品成长阶段过后，会进入产品成熟阶段，虽然该阶段中购买产品的消费者日益增多，但市场中对该产品的需求已趋于饱和，且同类产品的竞争日趋激烈；最后，产品进入衰退期，指的是产品被市场淘汰的阶段，产品被淘汰的原因可能是市场上出现了价格更低、性能更好的新产品，抑或是产品生产成本过高使得企业无利可图，最终产品将逐渐退出市场。而产品生命周期发生的时间和过程因所在国家技术水平差异而有所不同，反映了不同国家市场中同一产品竞争地位的差异。因而产品生命周期理论预测了随时间变化而变化的贸易模式，为贸易持续期提供了一定的解释，但这种贸易模式的变化过程较为缓慢，不能完美地为现实中短暂的贸易持续期问题进行诠释。

第二，信息不完全性的存在。当出口企业缺乏成本信息时，便可以解释出口企业贸易持续期短暂的现象：企业在进入出口市场之前，难以确定自身确切的生产率水平，以及是否能够满足目的国市场固定成本；出口贸易被缺乏成本信息的企业视为一种信号机制，企业若发现从事出口不能获利，便会退出市场；布伦顿等2010年指出，此时相比制定退出决策的企业、决定进入市场的企业数量比例较小，出现了短暂进入的现象。此外，当买方缺乏出口商信息的情况时，劳赫和沃斯顿（Rauch & Waston）2003年所构建的理论模型为贸易关系不稳定、贸易持续期短暂提供了另一种较为有力的解释：他们构建了一个三阶段搜寻成本模型，第一阶段是进口商搜寻供应商的过程，搜寻不同供应商需要支付不同的搜寻成本，但对供应商未来贸易额订单完成能力的影响并不确定；第二阶段中，为了考察供应商的生产能力，进口商会对供应商进行培训后让供应商完成小额订单，此时贸易关系受到订单完成情况的影响极有可能中断；第三阶段时，通过第二阶段的考察进口商已假定供应商具有完成大额订单的能力，因而双方已实现匹配，但进口商会对彼此的合作关系及供应商信息进行深入了解，此时新的搜寻和再匹配过程亦有可能发生。由上述分析可知，劳赫和沃斯顿2003年的研究从供应方产能信息不对称和进入条件的不确定性出发，诠释了贸易持续期短暂的产生原因。贸易联系由于受到信息不完全的影响，其短暂性难以避免。

二 贸易持续期的估计方法

贸易关系持续时间，主要由各因素对贸易关系失败危险率的效应估计来实现，陈勇兵和李燕（2012）指出既有研究往往是运用生存分析方法对贸易持续期的影响因素和分布特征进行分析。贸易关系失败危险率越大，贸易关系终止的概率越高，则贸易持续期会越短。生存分析（Survival Analysis）这种统计模型和分析方法是将事件结果和出现此结果所经历的时间相结合用来研究生存现象、生存时间及其统计规律，美国国家科学院委员会于1986年将生存分析模型视为数学六大发展方向之一。此处本书对生存分析方法进行阐述，主要对生存分析相关概念和生存分析三类模型进行分析。

1. 相关概念界定

（1）删失数据

如果说在考察期间内，对于某一事件的发生和终止，能观察到每一研究个体对于这一事件的起始和终止的时间，这样的数据被称为完全数据。然而对现实数据进行考察时，由于受到各种限制研究者无法掌握数据样本的所有信息，例如并不知晓许多研究个体针对某一事件确切的开始、结束时间，这就出现了数据"删失"（Censored Data）的问题。于 t 时刻起开始对研究对象进行观察，如果在此时刻之前，研究对象已经发生所要考察的某一事件，这就是"左删失"（Left Censoring）的情况；如果当观察时间结束时，研究对象仍未结束所要考察的某一事件，这便产生了"右删失"（Right Censoring）问题。生存分析方法提出并不断发展壮大的重要原因，就是相比传统统计模型而言能够更好地解决数据"删失"问题。

（2）描述生存模型的函数

从观测开始时间到被观测对象发生终止事件所经历的时间，被称为生存时间（存活时间），可视为研究对象的贸易持续期、贸易持续时间。通常用生存函数、累积分布函数、危险率函数和累积危险率函数等描述生存模型，具体函数表达由数据类型而区分，本书对连续数据和离散数据两种类型下的函数表达阐述如下。

第一，对于连续数据来说，对于任意考察时刻 t，定义对于个体 i 的生存时间 T 大于 t 的概率，即生存函数为：

$$S(t_i) = P(T_i > t) \tag{1.3.1}$$

相应地，可以得到生存模型的累积分布函数 $F_i(t) = P(T_i \leq t) = 1 - S_i(t)$，其内涵可以理解为个体 i 生存时间小于或等于 t 的概率。$S_i(t)$ 函数单调递减，当部分研究个体最后没有完成状态转变时，生存函数最后不会等于0，那么称这样的生存函数是有缺陷的。在上述分析基础上，可以获得个体 i 在时间 t 发生状态转换的概率即危险率函数（Hazard Function）：

$$\lambda_i(t) = \lim_{\Delta t \to 0} \frac{P(t < T_i \leqslant t + \Delta t | T_i \geqslant t)}{\Delta t}$$

$$= \lim_{\Delta t \to 0} \frac{F_i(t + \Delta t) - F_i(t)}{\Delta t \times S_i(t)} = \frac{f_i(t)}{S_i(t)} \tag{1.3.2}$$

当考察企业贸易持续期问题时，通过式（1.3.2）可以获得企业在 t 时刻瞬时退出国际市场的概率。最后，对 $\lambda_i(t)$ 积分且利用 $S_i(0) = 1$，可以得到累积危险率函数：

$$\Lambda_i(t) = \int_0^1 \lambda_i(s) ds = -\ln S_i(t) \tag{1.3.3}$$

第二，对于离散数据来说，假设样本容量为 N，生存过程所观测到的离散转换时间为 $t_1 < t_2 < \cdots < t_j < \cdots < t_k (N \geqslant k)$，则密度函数为 $f(t_j) = P(T = t_j)$。此外，还可以离散数据的得到危险率函数（d 代表离散数据）：$\lambda_j = P(T = t_j \mid T \geqslant t_j)$

进而，通过危险率函数递归，可以得到生存函数：

$$S^d(t) = P(T > t) = \prod_{j| t_j \leqslant t} (1 - \lambda_j) \tag{1.3.4}$$

而且，当数据为离散数据时，累积危险率函数可由 $\Lambda^d(t) = \sum_{j| t_j \leqslant t} \lambda_j$ 表示。

2. 生存分析三类模型概述

在对生存分析方法基本概念进行界定后，此处对生存分析三类模型进行大致分析：参数模型、非参数模型和半参数模型。第一，参数模型，该类模型方法适用于拟合数据，或假设数据来自某种分布的样本总体，且参数模型相对更适用于小样本的估计。应用较广的参数模型包括威布尔（Weibull）分布、指数分布、广义伽玛（Gamma）分布和对数正态分布等。如果向量 $x' = (x_1, x_2, \cdots)$ 对生存时间 T 有解释作用，Z 是 x 的函数，则有 $Z' = (Z_1, Z_2, \cdots)$ 作为解释变量并可由此和危险率建立二者关系的回归模型。在此基础上，如果令 $\alpha' = (\alpha_1, \alpha_2, \cdots)$ 代表回归方程的估计参数，则有个体 i 在 t 时刻的危险率函数表达式：

$$\lambda_i(t \mid x) = c(Z'\alpha)\lambda_i(x) \tag{1.3.5}$$

建立合理的参数模型能够准确反映考察样本的生存状态和生存规律，根据较为准确的研究结论有助于提出较为科学合理的政策建议。但也正是由于参数模型的估计和检验具有对统计模型较强依赖性的特征，当参数模型建立不合理时，估计产生的偏差也是显著的，由此会导致偏差甚至错误的政策导向。而非参数模型可规避上述分析中参数模型的不足，因而接下来本书对非参数模型进行简述。

第二，非参数模型，该类模型不拘于特定分布，由于对生存时间的分布不做假设，因而当对样本数据信息获取较少时，采用非参数模型描述个体的生存函数抑或危险率函数便具有较强的抗干扰性和稳健性。目前应用较广的非参数模型主要有生命表分析法和乘积极限方法。

生命表分析法更适用于大样本分析，生命表又称为寿命表。人口统计学的应用中，该种统计表的应用特点往往是以各年龄死亡概率为依据，以此测算并绘制得到各年龄的死亡人数、编制生命表。乘积极限方法对于不同容量的样本均适用，Kaplan-Meier 乘积限估计式可以表示为：

$$\hat{S}(t) = \prod_{i=1}^{k}\left(1 - \frac{n_i}{n_i^*}\right) \tag{1.3.6}$$

其中，n_i^*、n_i 分别表示生存时间大于或等于、恰好等于 t_i 的个体个数，且 k 是满足 $t_i \leqslant t$ 的最大正整数。

第三，半参数模型，该类模型同时具有非参数模型和参数模型的优点；最大特点是假设协变量对个体生存时间的影响呈现参数形式，但并未限制生存时间的分布，因而具有应用中的灵活性。其中学术界应用较广的为 Cox 比例风险模型，简称 Cox 模型。其前提条件是假设不同个体的死亡风险在所有时间上保持一个恒定的比例。Cox 比例风险函数由考科斯（Cox）于 1972 年提出。如果令 $\lambda_0(t)$ 代表基准危险率函数，则于 t 时刻研究个体的危险率函数是：

$$\lambda(t \mid x) = \lambda_0(t)\exp(\alpha_1 X_1 + \alpha_2 X_2 + \cdots + \alpha_m X_m) \quad (1.3.7)$$

其中，$\alpha_j = (\alpha_1, \alpha_2, \cdots, \alpha_m)$ 代表回归估计系数，且当 $\alpha_j > 0$ 时，危险率函数值随着协变量 $X_j = (X_1, X_2, \cdots, X_m)$ 的增加而加大；相应地，当 $\alpha_j < 0$ 时，危险率函数随着协变量取值的缩减而减小；当 $\alpha_j = 0$ 时，表明危险率函数并不受协变量的影响。

$$S(t \mid x) = [S_0(t)]^{\exp(\sum_{j=1}^{m} \alpha_j x_j)} \quad (1.3.8)$$

Cox 模型之所以成为比例风险模型，其假定两个研究个体之间的风险函数之比（*HR* 代表）是一个固定不变的常数，且与时间 t 无关，并不随时间变化而改变：

$$HR = \frac{\lambda_i(t)}{\lambda_j(t)} = \frac{\lambda_i(t)\exp(\alpha_1 X_i 1 + \alpha_2 X_{i2} + \cdots + \alpha_m X_{im})}{\lambda_j(t)\exp(\alpha_1 X_{j1} + \alpha_2 X_{j2} + \cdots + \alpha_m X_{jm})} \quad (1.3.9)$$

此外，对于非删失个体有偏似然函数（Partial Likelihood Function，L_p）：

$$L_p = \prod_{i=1}^{d} \frac{\lambda_0(t_i)\exp(\alpha_1 X_{i1} + \alpha_2 X_{i2} + \cdots + \alpha_m X_{im})}{\sum_{j \in R_i} \lambda_0(t_i)\exp(\alpha_1 X_{j1} + \alpha_2 X_{j2} + \cdots + \alpha_m X_{jm})} \quad (1.3.10)$$

其中，d 代表非删失时点数，等式右边分母包含所有个体风险之和。

三　贸易持续期的相关研究

通过文献梳理发现，既有贸易持续期的研究主要从国家层面、产品层面和企业层面展开，且在出口贸易、进口贸易两个贸易流向下进行讨论。

1. 出口贸易持续期相关研究

基于国家和产品层面的出口贸易持续期研究较为丰富，贝塞德和布莱德（Besedes & Blyde）2010 年采用拉丁美洲地区产品层面数据的经验证据表明出口贸易持续期较短，且出口贸易生存概率相比美国和欧盟显著更低，低幅分别为11%和5%。他们基于拉丁美洲内部分析还指出，南部核心地区的产品出口贸易持续期相对更长。此外，布伦顿等2009年基于82个发展中国家贸易数据，研究指出1985—2005年超过5年的贸易持续时间段只有1/3。陈（Chen）2012年采用生存分析模型实证指出，由技术创新带来的产品差异化提高了出口的生存概率。

在微观企业视角下洞察企业贸易持续期的研究相对不足。例如，沃尔普和卡瓦略（Volpe & Carballo）2009年通过采用秘鲁企业数据指出企业出口贸易持续时间的短暂性，他们发现2000—2006年间秘鲁企业出口的中位贸易持续期仅1年。艾斯特夫－佩雷斯等（Esteve-Pérez et al.）2013年采用1997—2006年西班牙企业数据进行实证估计，结果表明，出口目的市场的异质性是影响企业出口贸易关系持续性的重要因素，样本区间企业出口到固定目的国的贸易关系的中位值为2年。格尔可等（Görg et al.）2012年将企业出口持续期的分析深入至多产品层面，研究指出产品特征、企业特征均是企业特定产品出口贸易持续时间的影响因素。

李永等（2013）指出有关中国出口持续期的研究刚刚起步，且大多研究指出了中国出口持续期的短暂性。陈勇兵等（2012）通过采用2000—2005年间中国工业企业与中国海关数据库对应后数据，研究发现中国企业出口贸易持续时间均值仅为1.6年。杜运苏和王丽丽（2015）亦对中国出口持续时间进行研究，发现持续期中位值仅2年且存在“门槛效应”，超过4年后失败概率会显著降低，这反映了贸易持续期负时间依存性（Negative Duration Dependence）的存在。冯伟等（2013）探讨了1995—2007年间中国农产品的出口持续期，基于三类生存模型的研究结果指出中国农产品出口持续期较短（均值为2.23年），约有1/4的农产品出口持续期为5年。邵军（2011）基于HS—6位数出口贸易数据研究发现，1995—2007年间中国出口持续期中值和均值分别为2年、2.84年。此外，邵等（Shao et al.）2012年采用1995—2007年中国数据，选取Cox模型研究指出GDP水平、技术创新及自由贸易协定等因素均是促进出口持续期限延长的重要因素。

此外，既有研究从外界环境角度考察企业出口持续期即出口生存概率。艾伯哈特等（Aeberhardt et al.）2014年指出企业出口目的国较好的制度环境有助于减少企业贸易摩擦，从而降低企业出口贸易风险、延长企业出口持续期，而且目的国GDP水平、距离本国企业地理位置远近，也都会显著影响企业出口生存概率。阿罗约等（Araujo et al.）2016年同样指出制度环境对比利时企业出口动态包括企业出口持续期的延续十分重要，代理商信誉和进口国制度质量都会显著影响比利时企业的出口动态。来自中国的经验证据亦表明企业出口目的国制度环境的优越是企业出口持续期延续的关键因素，如谭智等（2014）的研究。

2. 进口贸易持续期相关研究

相比出口持续期的研究，有关进口持续期限的研究数量较少。贝塞德斯和普吕萨（Besedeš & Prusa）2006年较早对进口贸易持续期进行了研究，他们基于160个国家出口到美国的进口贸易数据研究发现，1972—1988年间美国进口贸易持续期限较短，虽然贸易持续期为1年的比例达到67%，但此后迅速下滑。同样基于上述数据样本，两位作者于2006年在另一篇研究中根据劳赫（Rauch）1999年对产品的分类方法划分产品类别（同质产品、参考价格产品和差异化产品），研究发现，相对而言差异化产品的危险比例更低，幅度为23%。尼奇（Nitsch）2009年研究德国1995—2005年间HS8位码下进口产品的贸易关系持续期，研究发现进口来源地经济规模、与德国临近程度、贸易数额等均对德国进口贸易持续期产生显著影响。陈勇兵等（2013）从HS6分位产品层面，采用中国数据考察了中国进口贸易关系的持续时间，结论指出传统引力模型影响因素对中国进口贸易关系持续时间亦具有重要影响。此外，既有研究指出出口贸易的发展会对进口贸易持续期产生显著影响，如赫斯和佩尔森（Hess & Persson）2011 年采用欧盟国家数据的经验证据表明，出口贸易多样化有助于降低欧盟进口贸易关系失败的风险。

第二章　企业内资源重置视角下产品异质性影响出口持续期的理论机制

由前一章分析可知，虽然暗含单一产品假设的异质性企业贸易理论通过假设企业异质性，突破于克鲁格曼 1979 年为代表的新贸易理论，从而解释了出口企业与非出口企业绩效表现有所差异的客观事实，但仍不能对多产品企业及其异质产品贸易动态提供强有力的解释。而通过假设产品异质性的多产品异质性企业贸易模型，则较好地刻画了多产品企业行为模式及其内部异质产品的贸易动态。

本章将在出口贸易流向下，以一个垄断竞争市场下的经典多产品异质性企业贸易模型为基础，揭示出口产品异质性通过企业内资源重置渠道对企业出口持续期的影响机制。在本章数理模型刻画中，将从出口产品范围、出口产品转换和出口产品集中度三个维度刻画出口产品异质性。同时数理模型中将通过引入出口贸易方式的影响，使得研究结论更贴近发展中国家特别是中国出口企业的经济实践情况。

第一节　基本理论模型设定与拓展

一　消费者偏好

假定世界经济体中有多个对称性国家，在垄断竞争市场之中，每个国家的企业不仅决策是否生产、是否出口，还对生产经营的产品种类进行决策，即假定企业为多产品企业。本书模型基于伯纳德等2010年和2011年的研究，假定产品间替代弹性保持不变，则根据迪克西特和斯蒂格利茨1977年标准CES函数构建某个国家j中代表性消费者的消费函数如下：

$$U = \left[\int_0^1 (Q_{jk})^v dk\right]^{1/v}, 0 < v < 1 \tag{2.1.1}$$

其中，Q_{jk}为消费指数（k代表产品），产品是在［0，1］区间取值的连续性对称性产品。此时如果考虑国家i出口产品k到国家j，分别以ω、Ω_{ijk}代表产品种类和内生性产品种类集合，则消费指数Q_{jk}可以进一步以CES函数形式表示为：

$$Q_{jk} = \left[\sum_{i=1}^{j}\int_{\omega \in \Omega_{ijk}} [(\lambda_{ijk}(\omega))q_{ijk}(\omega)]^{\rho} d\omega\right]^{1/\rho}, 0 < \rho < 1 \tag{2.1.2}$$

这里，λ_{ijk}（ω）衡量了产品属性特征，由前文分析可知，产品属性由产品质量和其他衡量产品特征的因素共同决定，同时反映了消费者对不同产品的需求和产品受欢迎程度。λ_{ijk}（ω）数值越大意味着市场中消费者对该产品的需求越大、该产品越受欢迎，由此可具体地刻画与描述企业多产品生产与经营行为决策。根据式（2.1.2）和消费者收入预算约束构建拉格朗日函数，可以获得国家j中产品k相应的价格指数函数：

$$P_{jk} = \left[\sum_{i=1}^{J}\int_{\omega \in \Omega_{ijk}} \left(\frac{p_{ijk}(\omega)}{\lambda_{ijk}(\omega)}\right)^{1-\sigma} d\omega\right]^{1/(1-\sigma)} \tag{2.1.3}$$

假定不同产品类别间的产品替代弹性相同并以σ衡量，且有$1-\sigma = \rho/(\rho-1)$。此外，还可推导得到消费者效用最大化时的最优消费量为：

$$q_{ijk}(w) = Q_{jk}\left[\frac{P_{jk}(w)}{p_{ijk}(w)}\right]^{\sigma} \lambda_{ijk}(w)^{\sigma-1} \tag{2.1.4}$$

二　产品属性阶梯与企业内资源重置

进一步，假定消费者对某个出口企业的出口产品属性区间取值为

$[\underline{\lambda},\bar{\lambda}]\subset[0,\infty)$，则 $\bar{\lambda}$ 是产品属性最大值，表明消费者对该种产品需求最高。在此基础上，本书在企业内部构建出口异质产品的“产品属性阶梯”（Product Attribute Ladder）如式（2.1.5）所示，构建方法借鉴迈尔等2014年的研究：

$$\lambda(m,\lambda)=\alpha^{-m}\bar{\lambda},0<\alpha<1 \tag{2.1.5}$$

其中，m 度量了出口产品距离需求最高产品 $\bar{\lambda}$ 的“远近”程度：当 m 取值为0时，则该产品恰为产品属性最大值产品；当 m 取值为正数时，产品属性随着 m 的增加而呈现下降趋势，即企业内部离产品属性最大产品越远、产品属性值越小，在企业内部形成了一个“产品属性阶梯”，反映了企业内部异质产品的消费者需求排序。“产品属性阶梯”的界定和描述能够更为清晰地反映企业内产品异质性特征。

三　生产者行为

进入市场后由生产技术实现的生产率水平 φ，取值区间为［$\underline{\varphi}$，$\bar{\varphi}$］，并服从于某一连续分布，密度函数和分布函数分别为 $g(\varphi)$、$G(\varphi)$；反映消费者需求的产品属性 λ_k，取值区间为［$\underline{\lambda}_k$，$\bar{\lambda}_k$］，同样服从于某一特定连续分布，密度函数和分布函数分别为 $z(\lambda_k)$、$Z(\lambda_k)$。

劳动力是唯一的生产要素。企业进入市场首先要支付沉没成本 f_{ei}，此后企业可实现自身生产率和产品属性水平，并对是否进入市场及是否生产某一产品进行决策。若企业生产每一产品的成本需要 $f_{ki}>0$ 单位劳动力，则生产率为 φ 的企业生产所需劳动总数量为：

$$l(\varphi)=f_{ei}+\int_0^1\left[f_{ki}+\frac{q_k(\varphi,\lambda_k)}{\varphi}\right]dk \tag{2.1.6}$$

由于在垄断竞争框架下引入了规模报酬递增，式（2.1.6）劳动需求函数中企业生产产品成本包括固定成本和边际成本两个部分。根据式（2.1.6）和企业利润最大化条件，还可推导而得均衡下的企业产品价格 $p(\varphi,\lambda_k)=w/(\rho\varphi)$，其中 w 为国家工资水平。

四　引入出口贸易方式

本书所要探究的是出口产品异质性对企业出口持续期的作用机理，因而接下来的模型分析中将研究视角聚焦于出口市场。既有异质性企业贸易模型的构建和阐述大多以发达国家企业经验证据为依托，而与发达国家不同的是，李瑞琴（2010）指出从20世纪七八十年代开始，许多发展中国家凭借较为低廉的劳动力等要素成本优势以加工贸易方式融入到国际市场分工之中，加工贸易成为许多发展中国家的主要出口贸易方式。而且高柏等2010年指出由于经济发展阶段不同，发达国家和发展中国家企业在资源配置效率等表现亦有所差异，余淼杰（2011）研究指出加工贸易对我国出口贸易增长具有重要推动作用。因而，在本章数理模型的分析之中，作者在模型刻画中引入企业出口贸易方式，具体而言，考察企业产品以一般贸易或加工贸易这两种国际贸易中最为常见的两种贸易方式进行出口的情况。

以一般贸易方式从事出口的企业，是国内优质企业向海外市场的自然延伸，其行为模式与本章前文分析相符。然而，许多发展中国家为了鼓励本国出口贸易发展，往往给予从事加工贸易活动的企业补贴、关税减免等优惠政策，许多原本不能进入出口市场的企业通过扶持亦能参与国际分工、融入全球价值链。加工贸易企业另外一个显著特征是，加工贸易活动依靠海外订单，如从事零部件、原辅材料的加工或装配活动，从而并不需要投入巨额的生产成本。因而若以f_o、f_p分别代表企业在一般贸易、加工贸易方式下进行产品出口所需的固定生产成本，则二者满足如下关系式：

$$f_o > f_p \tag{2.1.7}$$

式（2.1.7）意味着，相比一般贸易方式，企业以加工贸易方式出口产品所需投入的生产固定成本更低。此外，以中国现实情况为例分析，加工贸易往往具有“两头在外、中间在内”即从国外进口、加工成品销往国外，而国内只进行加工环节的特点，加工贸易企业为了赢得订单、获取利润，可能以低报产品出口价格的低价竞争策略参与分工，在产品生产销售等方面缺乏自主权、易被外商俘获锁定。为了刻画这一特征，本书借鉴刘晴和徐蕾（2013）研究，在企业收入函数中引入能够反映出口企业讨价还价能力的参数 η（$0<\eta<1$），来反映企业通过一般贸易和加工贸易方式出口产品所获得的销售收入差异：

$$r_p(\varphi,\lambda) = \eta \times r_o(\varphi,\lambda) \tag{2.1.8}$$

式（2.1.8）中 $r_p(\varphi,\lambda)$、$r_o(\varphi,\lambda)$ 分别代表企业以加工贸易、一般贸易方式出口产品时的产品销售收入，则 η 反映了企业以加工贸易活动从事产品出口时的话语权和议价能力，议价能力越大，η 数值越高，通过加工贸易出口产品获得产品销售收入越接近一般贸易出口的情形。

第二节　多产品企业出口行为决策分析

一　产品异质性与产品定价规则

企业在出口市场中的产品定价和行为决策，受到生产率 φ 和产品属性 λ 两个方面的共同影响。根据生产函数以及利润最大化条件，可推导得到企业出口产品的定价规则：

$$p_t(\varphi,\lambda) = \tau \times \frac{w}{\rho\varphi}, t \in (p,o) \tag{2.2.1}$$

其中，τ（$\tau>1$）代表企业出口的“冰山运输成本”（Iceberg-transport Cost）：企业出口到目的国的产品会有一部分在运输过程中消耗掉，因而若要保证出口到目的国一单位产品，需要运输的产品量为 τ、出口产品定价将比国内价格更高。对称性国家的假设意味着所有国家工资相同，本书设定为1（下同）。此处，假定企业产品以一般贸易或以加工贸易方式出口的定价规则相同。至此，利用产品定价规则还可推导得到企业出口产品的销售收入：

$$\begin{aligned} r_t(\varphi,\lambda) &= \tau^{1-\sigma}R\left[P\rho\varphi\lambda\right]^{\sigma-1} \\ &= \tau^{1-\sigma}R\left[P\rho\varphi(\alpha^{-m}\bar{\lambda})\right]^{\sigma-1}, t\in(p,o) \end{aligned} \tag{2.2.2}$$

由式（2.2.2）可知，企业出口产品的销售收入是生产率和产品属性的函数：出口产品属性（或生产率）固定时，生产率（产品属性）水平越高的企业产品出口销售收入越多。接下来，分析相应的企业出口产品所获利润。由于以一般贸易、加工贸易方式出口产品时其产品固定出口成本有所不同，因而同一企业如果既能够在一般贸易下出口产品又能以加工贸易方式出口产品，则二者情况下所获利润水平有所差异，分别如式（2.2.3）和式（2.2.4）所示：

$$\pi_o(\varphi,\lambda) = \frac{r_o(\varphi,\lambda)}{\sigma} - f_o \tag{2.2.3}$$

$$\pi_p(\varphi,\lambda) = \frac{r_p(\varphi,\lambda)}{\sigma} - f_p = \eta\times\frac{r_o(\varphi,\lambda)}{\sigma} - f_p \tag{2.2.4}$$

因而相比产品在一般贸易方式下出口，以加工贸易方式出口的产品利润所得受到议价能力 η 和生产固定成本 f_p 两个方面的影响：一方面，产品以加工贸易出口的生产固定成本 f_p 小于一般贸易出口下的情形（f_o），这有助于企业以加工贸易出口产品的利润获取；另一方面，议价能力 η 影响了加工贸易产品出口的企业销售收入获取，较弱的议价能力（η 较小）会降低加工贸易产品出口的企业利润所得。

二　产品异质性与产品出口决策

在获知企业出口产品定价规则后，接下来考察对于市场中生产率为 φ 企业来说，出口产品属性临界值（Zero-product Cutoff）$\lambda^*(\varphi)$，企业只出口产品属性值大于临界值 $\lambda^*(\varphi)$ 的产品种类，此时企业出口产品能够盈利。考虑一个企业既可以在加工贸易下出口又可以凭借一般贸易方式出口产品，令式（2.2.3）和式（2.2.4）利润值均为零，可以获得在一般贸易和加工贸易方式下出口产品时企业的产品属

性临界值条件 $\lambda_o^*(\varphi)$ 和 $\lambda_p^*(\varphi)$，分别如下式所示：

$$r_o(\varphi,\lambda_o^*(\varphi)) = \tau^{1-\sigma}R[P\rho\varphi\lambda_o^*(\varphi)]^{\sigma-1} = \sigma f_o \quad (2.2.5)$$

$$r_o(\varphi,\lambda_p^*(\varphi)) = \tau^{1-\sigma}R[P\rho\varphi\lambda_p^*(\varphi)]^{\sigma-1} = \frac{1}{\eta}\sigma f_p \quad (2.2.6)$$

令 φ_o^*、φ_p^* 分别为企业从事一般贸易、加工贸易出口时，能够存活于出口市场的生产率临界值（生产率最低值）。那么如果考虑企业在加工贸易方式下出口产品的情形，结合式（2.2.6）和生产率、出口产品属性临界值，生产率临界值和出口产品属性临界值之间满足关系式如下：

$$\lambda_p^* = \frac{\varphi_p^*}{\varphi} \times \lambda_p^*(\varphi_p^*) \quad (2.2.7)$$

这就是说，对于生产率为 φ 的企业，其在加工贸易方式下出口产品的范围是 $[\lambda_p^*(\varphi),\bar{\lambda}]$。当加工贸易出口产品的生产率临界值 φ_p^* 和相应的出口产品属性临界值 $\lambda_p^*(\varphi_p^*)$ 确定时，生产率 φ 越高、$\lambda_p^*(\varphi)$ 越低，企业出口产品属性值较低的产品亦能获利，出口产品范围区间越长；然而当生产率较低时，相应的 $\lambda_p^*(\varphi)$ 较高，经济含义是企业出口产品属性值较高的产品才能盈利、出口产品范围区间较短。同理，利用式（2.2.5）和式（2.2.6）还可推导得到：

$$\lambda_o^* = \frac{\varphi_p^*}{\varphi} \times \lambda_p^*(\varphi_p^*) \times \left(\frac{\eta f_o}{f_p}\right)^{\frac{1}{\sigma-1}} \quad (2.2.8)$$

比较式（2.2.7）和式（2.2.8），可分析企业在一般贸易和加工贸易方式下出口产品时产品属性临界值的差异：（1）当（$\eta f_o/f_p$）< 1 时，$\lambda_o^*(\varphi) < \lambda_p^*(\varphi)$，此时企业以加工贸易方式出口产品的议价能力较低，虽然企业从事加工贸易活动所投入的产品出口固定生产成本较低，但由于议价能力十分薄弱，总体而言，议价能力对企业利润的负面影响更为明显，因而以加工贸易方式出口产品时企业只能压缩出口产品范围区间、出口高属性值的产品从而获利；（2）当（$\eta f_o/f_p$）> 1 时，$\lambda_o^*(\varphi) > \lambda_p^*(\varphi)$，此时企业以加工贸易方式出口的产品固定生产成本效应占据主导，由此作用于企业利润的正向影响足够克服由较低议价能力给企业利润带来的负面影响，因而有效提高了加工贸易方式下出口产品的产品范围区间、使出口低属性值产品成为可能。本国政府给予企业加工贸易活动的优惠政策及海外厂商给予企业加工贸易活动的资金、技术扶持，会大大降低企业出口加工贸易产品的出口固定成本。当结合中国国情、考虑中国加工贸易发展现实情况进行分析时，许多文献指出中国加工贸易企业缺乏自主权、易被外商俘获锁定、所得利润大多流向国外厂商，如张杰等（2010）、傅钧文（2008）及胡兵和张明（2011）等研究。因而，本书认为中国企业以加工贸易方式出口产品时议价能力对企业利润的负面影响占据主导地位即表现为 $\lambda_o^*(\varphi) < \lambda_p^*(\varphi)$，则企业出口加工贸易产品的范围区间亦相对较窄、种类较少；这一结论在第三章基于中国企业样本的事实挖掘和现实观察中将得到验证。

三　企业出口利润函数

在上述出口定价和零利润条件的分析中，考察视角是基于企业出口任一产品的情形。本节分析中进一步刻画的是，企业出口整体产品范围区间下在一般贸易和加工贸易方式下所得总销售收入和总利润，即企业内所有出口产品的销售收入和利润加总情形。当企业以一般贸易方式出口产品时，出口总销售收入是对高于出口产品属性最低临界值的所有出口产品销售收入的加总之和：

$$r_o(\varphi) = \int_{\lambda_o^*(\varphi)}^{\bar{\lambda}} r_o(\varphi,\lambda) z(\lambda) d\lambda \qquad (2.2.9)$$

如前文所述，$\bar{\lambda}$ 代表出口产品中的产品最大属性值。企业出口产品除了需要支付产品固定生产成本和可变成本以外，无论出口多少产品，企业一旦进入出口目的国市场都需要支付一个固定的总出口成本（以 F_x 衡量），用来开拓市场建立销售网络等，因而在一般贸易方式下出口的企业总利润函数为：

$$\pi_o(\varphi) = \int_{\lambda_o^*(\varphi)}^{\bar{\lambda}} \left(\frac{r_o(\varphi,\lambda)}{\sigma} - f_o\right) z(\lambda)\, d\lambda - F_x \quad (2.2.10)$$

类似地，在加工贸易方式下企业出口产品所获总销售收入为：

$$r_p(\varphi) = \int_{\lambda_p^*(\varphi)}^{\bar{\lambda}} r_p(\varphi,\lambda) z(\lambda)\, d\lambda \quad (2.2.11)$$

此外，结合企业“议价能力”还可得到企业从事加工贸易出口产品的出口总利润函数：

$$\pi_p(\varphi) = \int_{\lambda_p^*(\varphi)}^{\bar{\lambda}} \left(\eta \frac{r_o(\varphi,\lambda)}{\sigma} - f_p\right) z(\lambda)\, d\lambda - F_x \quad (2.2.12)$$

四　不同贸易方式下企业出口决策分析

由上述分析可知，企业既可以在一般贸易方式下出口产品、产品出口也可以在加工贸易方式下进行。由前述分析可知，φ_p^*、φ_o^* 分别为企业从事加工贸易、一般贸易出口时，能够存活于出口市场的生产率最低临界值。来自中国的既有研究证据表明，加工贸易方式出口可视为企业在生产率水平有限时拓展海外市场的一种替代选择，如王和于（Wang & Yu）2012 年、于和田（Yu & Tian）2012 年及孙楚仁和沈玉良（2012）等许多理论和实证研究指出加工贸易企业生产率水平低于一般贸易出口企业，此外，戴等（Dai et al.）2016 年指出受到国内市场分割和要素错配的影响，中国加工贸易出口企业的生产率水平甚至有可能低于内销企业。因而，本书模型中假定 $\varphi_p^* < \varphi_o^*$。当企业生产率 $\varphi < \varphi_p^*$ 时，企业退出出口市场。而且，通过如下条件可以获得企业在加工贸易和一般贸易方式出口下的生产率最低临界值：

$$\pi_p(\varphi_p^*) = \int_{\lambda_p^*(\varphi_p^*)}^{\bar{\lambda}} \left(\frac{r_p(\varphi_p^*,\lambda_p^*)}{\sigma} - f_p\right) z(\lambda)\, d\lambda$$

$$= \int_{\lambda_p^*(\varphi_p^*)}^{\bar{\lambda}} \left(\eta \frac{r_o(\varphi_p^*,\lambda_p^*)}{\sigma} - f_p\right) z(\lambda)\, d\lambda = F_x = 0$$

(2.2.13)

$$\pi_o(\varphi_o^*) = \int_{\lambda_o^*(\varphi_o^*)}^{\bar{\lambda}} \left(\frac{r_o(\varphi_o^*,\lambda_o^*)}{\sigma} - f_o\right) z(\lambda)\,d\lambda = F_x = 0 \tag{2.2.14}$$

当 $\varphi_p^* < \varphi < \varphi_o^*$ 时，企业以加工贸易方式从事出口，且只能够出口加工贸易产品，本书称此类出口企业为纯粹加工贸易企业；当 $\varphi > \varphi_o^*$ 时，企业在一般贸易和加工贸易下出口产品时的所得利润均为正数，此时出口企业可自主选择产品出口的贸易方式，本书称这类出口企业为混合加工贸易企业。此外，存在一个足够高的生产率水平 φ^{**}（$\varphi^{**} > \varphi_o^*$），该水平下企业以一般贸易和加工贸易方式下出口产品时的利润相等，且当生产率高于 φ^{**} 时企业在一般贸易方式下出口产品时的利润水平更高。

第三节　理论模型的一般均衡分析

一　企业出口的零利润条件

在上述分析过后，接下来考察整个经济体的均衡状态，求解一般均衡情况。在这之前，首先考察出口企业的零利润条件。利用公式（2.2.2）可得到如下关系式：

$$r_t(\varphi_t^*,\lambda) = r_t[\varphi_t^*,\lambda_t^*(\varphi_t^*)] \times \left(\frac{\lambda}{\lambda_t^*(\varphi_t^*)}\right)^{\sigma-1} \tag{2.3.1}$$

其中 $t \in (o,p)$，即上式在一般贸易和加工贸易方式下出口产品时均成立。利用上式结合式（2.2.13）和式（2.2.14），以及分析得到的出口产品属性临界值条件，可推导出纯粹加工贸易和混合加工贸易企业的零利润条件，分别如下所示：

$$\int_{\lambda_p^*(\varphi_p^*)}^{\bar{\lambda}} \left[\left(\frac{\lambda}{\lambda_p^*(\varphi_p^*)}\right)^{\sigma-1} - 1\right] f_p z(\lambda)\,d\lambda = F_x \tag{2.3.2}$$

$$\int_{\lambda_o^*(\varphi_o^*)}^{\bar{\lambda}} \left[\left(\frac{\lambda}{\lambda_o^*(\varphi_o^*)}\right)^{\sigma-1} - 1\right] f_o z(\lambda)\,d\lambda = F_x \tag{2.3.3}$$

二　企业出口的自由进入条件

假定企业能够自由进入出口市场，如若企业进入出口市场的预期利润（Expectd Value of Entry）大于进入沉没成本，则会有企业持续进入出口市场。令 $\bar{\pi}_x$ 代表企业成功进入出口市场后的预期利润。通过前文分析可知，φ_p^* 是企业开拓出口市场的最低生产率水平，且当企业生产率大于 φ_o^* 时，会选择以一般贸易方式从事出口，则企业进入出口市场后的预期总利润为：

$$\bar{\pi} = \int_{\varphi_p^*}^{\bar{\varphi}} \pi_p(\varphi) \frac{g(\varphi)}{1 - G(\varphi_p^*)} d\varphi + \frac{1 - G(\varphi_o^*)}{1 - G(\varphi_p^*)} \int_{\varphi_o^*}^{\bar{\varphi}} \pi_o(\varphi) \frac{g(\varphi)}{1 - G(\varphi_o^*)} \tag{2.3.4}$$

若以 V 代表预期利润，则均衡状态下企业自由进入的预期利润则恰好等于进入成本 f_e，得到以下关系式：

$$V = [1 - G(\varphi_p^*)]\bar{\pi}_x = f_e \tag{2.3.5}$$

根据前述企业出口产品利润函数和企业出口总利润函数，以上出口企业的自由进入条件还可以用生产率和产品属性的临界值表示：

$$V = \int_{\varphi_p^*}^{\bar{\varphi}} \left[\int_{\lambda_p^*(\varphi)}^{\bar{\lambda}} \left[\left(\frac{\lambda}{\lambda_p^*(\varphi)}\right)^{\sigma-1} - 1\right] f_p z(\lambda) d\lambda - F_x\right] g(\varphi) d\varphi + \int_{\varphi_o^*}^{\bar{\varphi}} \left[\int_{\lambda_o^*(\varphi)}^{\bar{\lambda}} \left[\left(\frac{\lambda}{\lambda_o^*(\varphi)}\right)^{\sigma-1} - 1\right] f_o z(\lambda) d\lambda - F_x\right] g(\varphi) d\varphi = f_e \tag{2.3.6}$$

三　一般均衡分析

在一般均衡状态下，所有的内生变量需要通过模型的外生变量或参数表示，从而求解出模型的闭合解。利用前文公式 $r_p(\varphi,\lambda) = \eta r_o(\varphi,\lambda)$ 和出口产品属性临界值条件可知，可以得到一般贸易和加工贸易方式下企业出口产品的生产率临界值关系：

$$\varphi_o^* = \varphi_p^* \times \frac{\lambda_p^*(\varphi_p^*)}{\lambda_o^*(\varphi_o^*)} \times \left(\frac{\eta f_o}{f_p}\right)^{\frac{1}{\sigma-1}} \tag{2.3.7}$$

根据前述分析得到的企业从事加工贸易和一般贸易出口产品的零利润条件函数，可以确定一般均衡状态下的 $\lambda_p^*(\varphi_p^*)$ 和 $\lambda_o^*(\varphi_o^*)$ 均衡解。根据式（2.2.2）和企业出口产品零利润条件，能够得到 $\lambda_p^*(\varphi) = (\varphi_p^*/\varphi)\lambda_p^*(\varphi_p^*)$、$\lambda_o^*(\varphi) = (\varphi_o^*/\varphi)\lambda_o^*(\varphi_o^*)$。同时，结合自由进入条件还可推导得到如下关系式：

$$V = \underbrace{\int_{\varphi_p^*}^{\bar{\varphi}} \left[\int_{(\varphi_p^*\varphi)/\lambda_p^*(\varphi_p^*)}^{\bar{\lambda}} \left[\left(\frac{\lambda}{\lambda_p^*(\varphi_p^*)} \times \frac{\varphi}{\varphi_p^*}\right)^{\sigma-1} - 1\right] f_p z(\lambda)\, d\lambda - F_x\right] g(\varphi)\, d\varphi}_{Term\,P} + \underbrace{\int_{A\varphi_p^*}^{\bar{\varphi}} \left[\int_{(\varphi_o^*\varphi)/\lambda_o^*(\varphi_o^*)}^{\bar{\lambda}} \left[\left(\frac{\lambda}{\lambda_o^*(\varphi_o^*)} \times \frac{\varphi}{\varphi_o^*}\right)^{\sigma-1} - 1\right] f_o z(\lambda)\, d\lambda - F_x\right] g(\varphi)\, d\varphi}_{Term\,O} = f_e \tag{2.3.8}$$

式（2.3.8）中，*Term P* 和 *Term O* 分别刻画了企业在加工贸易方式和一般贸易方式下出口的预期利润。此外，还可以推导得到企业出口生产率的均衡解 φ_o^*、φ_p^*。假定在出口市场中，潜在进入企业数量为 M_e，那么能够成功进入出口市场的企业数量为：

$$M = [1 - G(\varphi_p^*)]M_e \tag{2.3.9}$$

能够成功出口从事加工贸易活动的企业之中，会有一部分出口企业能够在一般贸易方式下出口产品，这部分企业的数目为：

$$M_{ordinary} = \frac{[1 - G(\varphi_o^*)]}{[1 - G(\varphi_p^*)]} = M_e \tag{2.3.10}$$

对于生产率为 φ 的企业来说，至少有一种产品以一般贸易方式出口的企业数量为：

$$m_{ordinary} = \left[\int_{\varphi_o^*}^{\bar{\varphi}} [1 - Z(\lambda_o^*(\varphi))]\left(\frac{g(\varphi)}{1 - G(\varphi_o^*)}\right) d\varphi\right] M_{ordinary} \tag{2.3.11}$$

至此，结合自由进入条件并根据总利润与进入市场的劳动力总投入相等这一条件，可以得到：$M\bar{\pi} = M_e f_e = L_e$。而且，企业总收入减去总利润等于用于生产活动的劳动者总报酬（即 $R - M\bar{\pi} = L_p$），劳动力市场出清条件下有 $L = L_p + L_e$，因而均衡状态下有 $R = L$。此外，利用出口产品属性、生产率的概率密度分布函数可以推导得到价格指数 P。由此出口企业数量 M 也可以被唯一确定下来。最终，根据 $\{\varphi_p^*, \lambda_p^*(\varphi_p^*), \varphi_o^*, \lambda_o^*(\varphi_o^*), R, P\}$ 的均衡解，共同描绘和刻画了本书理论模型唯一确定的均衡状态。

第四节　产品异质性影响企业出口持续期的理论机制分析

在本章前几节的分析中，借鉴既有研究设定了本书数理模型的分析框架，对多产品企业出口行为决策及一般均衡条件进行了刻画，这都为本节阐述出口产品异质性如何通过企业内资源重置渠道影响企业出口持续期的奠定了基础。由前文分析可知，通过假设企业产品属性异质，本书数理模型分析中从出口产品异质性视角出发，具体揭示出口产品范围、出口产品转换和出口产品集中度对企业出口持续期影响的微观作用渠道，分别反映了企业内部出口产品属性的范围区间、范围区间的变化以及在具有出口产品最大属性值产品出口上的侧重程度。此外，借鉴既有贸易持续期理论和研究，在模型阐述中通过刻画企业的贸易关系失败危险率即企业退出出口市场风险，来反映企业出口持续期长短问题。

一　出口产品范围对企业出口持续期的作用机制

经典微观经济理论强调企业以追求利润最大化为生产经营的最终目标，本书数理模型刻画中也反映了盈利是企业存活于出口市场的前提条件。若以 $\pi_t(\varphi)$ 代表企业利润、$t \in (p, o)$，且假设企业利润可能受到外生冲击而受损的概率为 μ，则冲击后企业利润变为 $\mu\pi_t(\varphi)$。因而，企业退出出口市场的概率可表示为 $P\{\mu\pi_t(\varphi) < 0\}$，即出口企业

利润为负时退出出口市场，且无论企业在一般贸易还是加工贸易出口产品时的情形下均成立。通过前文分析可知，企业以不同贸易方式出口的生产率临界值关系可由图 2. 4. 1 表示：

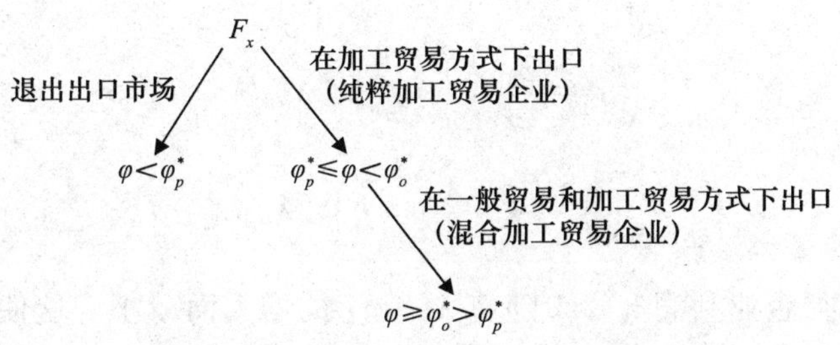

图 2. 4. 1 出口企业生产率与贸易方式关系

与前述分析相符：生产率满足 $\varphi_p^* \leqslant \varphi < \varphi_o^*$ 时，企业能且只能以加工贸易方式从事产品出口（纯粹加工贸易企业）；生产率水平较高即 $\varphi \geqslant \varphi_o^* > \varphi_p^*$ 时，企业出口既可在一般贸易也可在加工贸易方式下进行（混合加工贸易企业）。对于生产率为 φ 的混合加工贸易企业来说，以一般贸易和加工贸易方式出口时的出口产品范围区间如图 2. 4. 2所示，即二者出口产品属性范围区间分别为 $[\lambda_p^*(\varphi),\infty)$、$[\lambda_o^*(\varphi),\infty)$。

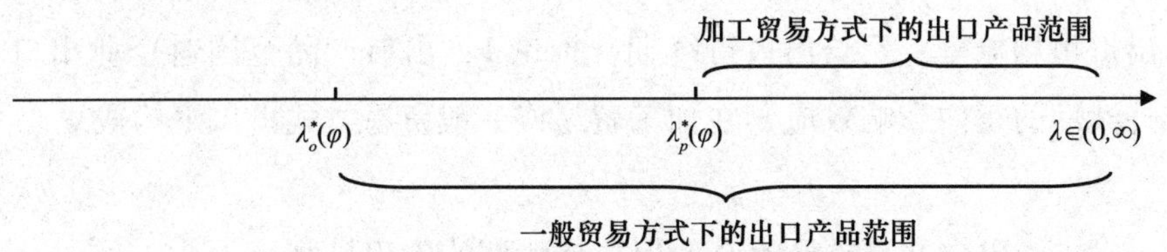

图 2. 4. 2 企业出口产品属性临界值与出口产品贸易方式关系

假设有 A 和 B 两个纯粹加工贸易企业（抑或混合加工贸易企业），且满足 $\varphi_A > \varphi_B$，则根据前文分析可以得到 $\lambda^*(\varphi_A) < \lambda^*(\varphi_B)$。

可通过利用式（2.2.5）和式（2.2.7）进而推导得到：

$$\int_{\lambda_o^*(\varphi_A)}^{\bar{\lambda}}\left(\frac{r_o(\varphi_A,\lambda)}{\sigma}-f_o\right)z(\lambda)d\lambda-F_x>$$

$$\int_{\lambda_o^*(\varphi_B)}^{\bar{\lambda}}\left(\frac{r_o(\varphi_B,\lambda)}{\sigma}-f_o\right)z(\lambda)d\lambda-F_x \qquad (2.4.1)$$

$$\int_{\lambda_p^*(\varphi_A)}^{\bar{\lambda}}\left(\eta\frac{r_p(\varphi_A,\lambda)}{\sigma}-f_p\right)z(\lambda)d\lambda-F_x>$$

$$\int_{\lambda_p^*(\varphi_B)}^{\bar{\lambda}}\left(\eta\frac{r_p(\varphi_B,\lambda)}{\upsilon}-f_p\right)z(\lambda)d\lambda-F_x \qquad (2.4.2)$$

即两类企业利润 $\pi(\varphi)$ 随着 $\lambda^*(\varphi)$ 的增大而减小。这便意味着，越小的 $\lambda^*(\varphi)$（越大的出口产品范围区间）意味着企业满足出口所需固定成本的可能性越大，即企业在出口市场中盈利和得以存活的概率越高，则有 $P\{\mu\pi(\varphi_A)<0\}<P\{\mu\pi(\varphi_B)<0\}$。此外，根据伯纳德等 2010 年研究假定企业在每个时期都可能面临一个生产率外生冲击、发生的概率为 θ，冲击后企业生产率由 φ 变为 φ'，且服从 $G(\varphi'\mid\varphi)$ 的分布函数，并有 $\partial G(\varphi'\mid\varphi)/\partial\varphi<0$。如果企业 A 和企业 B 退出出口市场的概率分别为 $G(\varphi_p^*\mid\varphi_A)$、$G(\varphi_p^*\mid\varphi_B)$，且企业 A 的生产率水平更高，则有 $G(\varphi_p^*\mid\varphi_A)<G(\varphi_p^*\mid\varphi_B)$，即高生产率出口企业退出出口市场概率更低；这里 $P\{\mu\pi_p(\varphi)<0\}=G(\varphi_p^*\mid\varphi)$。

由此能够得到命题 1：出口产品范围拓宽，有助于降低企业退出出口市场概率、延长出口持续期。推论 1：出口产品范围对企业出口持续期的正向影响效应，在加工贸易或一般贸易方式出口下均成立。

二 出口产品转换对企业出口持续期的作用机制

进一步地，假定企业面临生产率和产品属性的外生冲击，因而继续存活于出口市场的企业会根据冲击调整生产率和产品属性，此部分将根据上述模型分析具体描述出口产品转换和企业出口持续期的关系。

第一，考虑生产率外生冲击后，出口企业并不改变贸易方式的情况，即混合加工贸易（纯粹加工贸易）企业在受到冲击后，调整了生产率和出口产品属性区间，但仍旧是混合加工贸易（纯粹加工贸易）企业。由前文分析可知，两类出口企业生产率和相应出口产品属性临界值关系均满足 $\lambda^*(\varphi)=(\varphi^*/\varphi)\lambda^*(\varphi^*)$。具体地，根据图 2.4.3 展开分析与讨论。假设有两个混合加工贸易企业，其生产率水平满足 $\varphi_1<\varphi_2$。企业无论在加工贸易还是一般贸易方式下出口产品，出口产品属性临界值关系均满足关系式 $\lambda_{o(p)1}{}^*(\varphi_1)>\lambda_{o(p)2}{}^*(\varphi_2)$。类似地，对于生产率为 $\varphi_{p1}<\varphi_{p2}$ 的两个纯粹加工贸易企业来说，其相应的出口产品属性临界值有 $\lambda_{p1}{}^*(\varphi_{p1})>\lambda_{p2}{}^*(\varphi_{p2})$。假定 $\bar{\lambda}$ 为最大的出口产品属性值，则两个混合加工贸易企业的出口产品属性范围是 $[\lambda_{o(p)1}{}^*(\varphi_1),\bar{\lambda}]$、$[\lambda_{o(p)2}{}^*(\varphi_2),\bar{\lambda}]$，两个纯粹加工贸易企业的出口产品属性范围区间为 $[\lambda_{p1}{}^*(\varphi_{p1}),\bar{\lambda}]$、$[\lambda_{p2}{}^*(\varphi_{p2}),\bar{\lambda}]$。

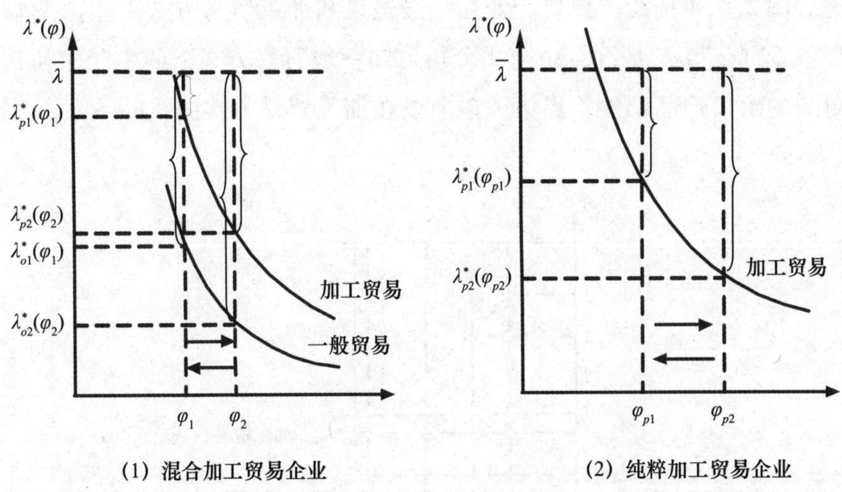

图 2.4.3 不改变贸易方式下的企业生产率和出口产品属性临界值

当生产率受到正向或负向的冲击时，相应的出口产品范围将有所拓展或缩小。当出口企业受到正向的生产率冲击时，若不进行相应的产品调整即拓展出口产品范围，企业将由于没有充分利用资源导致未能实现利润最大化。当出口企业受到负向的生产率冲击时，若不进行产品调整即缩小出口产品范围，将使得企业由于出口过多产品而损失掉一部分利润，这种情形下出口企业仍未能实现利润最大化。因而，出口企业通过转换出口产品种类，从而在企业内部产品层面发挥“资源重置效应”，即充分利用资源重置提高利润水平，或通过剔除既有产品减小利润损失，最终在冲击过后仍然能够实现利润最大化获取，从而促进企业的出口市场存活；这一过程也反映了熊彼特的“创造新破坏”思想。假定进行出口产品转换后的企业利润为 $\pi'(\varphi')$，则有 $\pi'(\varphi') > \pi(\varphi)$；冲击后调整出口产品种类范围区间的出口企业，退出出口市场概率会有所降低、企业出口持续期将有所延长，即 $P\{\mu\pi'(\varphi') < 0\} < P\{\mu\pi(\varphi) < 0\}$。

第二，考虑生产率外生冲击后，出口企业改变了贸易方式的情况。图 2.4.4 描绘了出口企业在一般贸易和加工贸易方式下生产率临界值 φ_p^*（φ_o^*）的情况，由前文分析可知一般贸易方式下的生产率和其对应的出口产品属性临界值关系曲线在加工贸易方式曲线的下方。

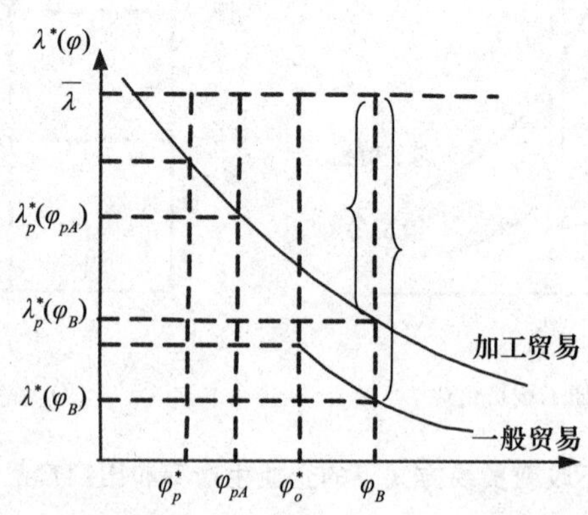

图 2.4.4　改变贸易方式下的企业生产率和出口产品属性临界值

一方面，如图2.4.4所示，纯粹加工贸易企业（生产率 φ_{pA} ）可能受到生产率正向冲击影响、生产率有所提高，进而成为混合加工贸易企业（生产率 φ_B ），生产率受到冲击后的变化是 $\varphi_{pA} \rightarrow \varphi_B$。此时，企业由冲击前只在加工贸易方式下出口产品（区间为 $[\lambda_p^*(\varphi_{pA}), \bar{\lambda}]$ ），转换为既可以在加工贸易方式也可以在一般贸易方式下从事产品出口——以加工贸易和一般贸易方式出口的出口产品属性区间分别为 $[\lambda_p^*(\varphi_B), \bar{\lambda}]$、$[\lambda^*(\varphi_B), \bar{\lambda}]$。由于企业出口产品转换为更广的范围区间，因而企业利润得以提升、出口企业退出出口市场概率得以降低。

另一方面，混合加工贸易企业可能受到生产率负向冲击的影响由 φ_B 变为 φ_{pA}，由此成为纯粹加工贸易企业。该情形与上述分析情况相反，受到冲击后企业转换为集中于在加工贸易方式下出口产品。此时出口企业通过转换出口产品种类，由 $[\lambda^*(\varphi_B), \bar{\lambda}]$ 转换为 $[\lambda_p^*(\varphi_{PA}), \bar{\lambda}]$，剔除了冲击后并不盈利的既有产品，将资源集中于具有竞争优势产品上的出口，从而实现企业内部产品间的资源优化配置，提高利润水平，进而有助于延长企业出口持续期。综合上述分析可知，以上两种情况下均满足 $P\{\mu\pi'(\varphi') < 0\} < P\{\mu\pi(\varphi) < 0\}$。

第三，考察某种或某几种产品属性受到外生冲击后，企业增、减的具体出口产品种类范围区间。假设企业出口产品亦会受到不确定性外生冲击 δ 影响，冲击后出口产品属性由 λ 变为 λ'，且其分布函数为 $U(\lambda' \mid \lambda)$，满足 $\partial U(\lambda' \mid \lambda)/\partial\lambda < 0$。

首先，对于纯粹加工贸易企业来说，产品冲击后减少的产品出口为：

$$\Omega_p^-(\varphi) = \int_{\lambda_p^*(\varphi)}^{\bar{\lambda}} \delta[U(\lambda_p^*(\varphi) \mid \lambda)]z'(\lambda)d\lambda \qquad (2.4.3)$$

相应地，冲击后纯粹加工贸易企业增加的产品出口为：

$$\Omega_p^+(\varphi) = \int_{\underline{\lambda}}^{\lambda_p^*(\varphi)} \delta[1 - U(\lambda_p^*(\varphi) \mid \lambda)]z'(\lambda)d\lambda \qquad (2.4.4)$$

其次，考虑混合加工贸易企业受到产品属性外生冲击后的产品出口变化情况。混合贸易出口企业的出口产品转换情况比纯粹加工贸易企业更为复杂，因为混合加工贸易企业出口产品转换可能改变出口产品贸易方式。当混合加工贸易企业内部产品出口由加工贸易方式转换为一般贸易方式时的表达式为：

$$\Omega^{p \to o}(\varphi) = \int_{\lambda_p^*(\varphi)}^{\bar{\lambda}} \delta[U(\lambda_p^*(\varphi) \mid \lambda) - U(\lambda_o^*(\varphi) \mid \lambda)] z'(\lambda) d\lambda \tag{2.4.5}$$

与此相反，当混合加工贸易企业内部产品出口由一般贸易方式转换为在加工贸易方式下出口时，反映出口产品变换的表达式为：

$$\Omega^{o \to p}(\varphi) = \int_{\lambda_o^*(\varphi)}^{\lambda_p^*(\varphi)} \delta[1 - U(\lambda_p^*(\varphi) \mid \lambda)] z'(\lambda) d\lambda \tag{2.4.6}$$

综合上述分析，得到命题 2：企业转换出口产品种类，有助于降低退出出口市场概率越低，延长企业出口持续期。推论 2：企业在一般贸易或加工贸易方式出口下均可以通过转换出口产品种类延长自身出口持续期。

三　出口产品集中度对企业出口持续期的作用机制

在分析出口产品范围和出口产品转换对企业出口持续期的影响后，接下来讨论出口产品集中度（出口产品份额最大占比）对企业出口持续期的影响。出口最畅销产品是企业内部最受消费者欢迎的出口产品，出口产品属性值最大，出口产品集中度描述了企业在出口产品最大属性值产品出口上的集中程度，也反映了企业资源在内部异质产品间的分配问题。

1. 混合加工贸易企业

首先刻画与描述出口产品集中度。对于混合加工贸易企业来说，假设有生产率为 φ_1 的出口企业，其相应的出口产品属性临界值为 $\lambda^*(\varphi_1)$，则其任一出口产品（属性为 λ ）销售收入占该企业总出口销售收入的比重为：

$$\tilde{r}(\varphi,\lambda) = \frac{r(\varphi,\lambda)z(\lambda)}{r(\varphi)} \Leftrightarrow \tilde{r}(\varphi,\lambda) = \frac{(\varphi\lambda)^{\sigma-1}z(\lambda)}{\int_{\lambda^*(\varphi_1)}^{\bar{\lambda}}(\varphi\lambda)^{\sigma-1}z(\lambda)d\lambda} \tag{2.4.7}$$

如图 2.4.5 所示，当该企业受到生产率和产品属性冲击，由生产率 φ_1 转变为 φ_2 生产率和相应的 $\lambda^*(\varphi_2)$ 出口产品属性临界值时，冲击后为了保证不退出出口市场，企业可通过调整出口产品集中度使得利润最大化。由于 $\lambda^*(\varphi_2) > \lambda^*(\varphi_1)$，结合前文分析可知，面临冲击后销售收入和利润水平有所下滑，因而企业会将既有资源集中于最畅销出口产品（出口产品属性值最大），即出口产品集中度有所提高。类似地，当受到生产率和产品属性冲击后，若生产率提高到 φ_3 水平且其相应出口产品属性临界值为 $\lambda^*(\varphi_3)$ 时，企业同样可通过调整出口产品集中度来获取最多的利润。具体而言，冲击后 $\lambda^*(\varphi_3) < \lambda^*(\varphi_1)$，此时企业总出口销售收入和利润相比冲击前有所上升，企业会将既有资源分布于更多产品种类从事出口，即最畅销产品出口（出口产品属性值最大产品）销售收入占比将有所下滑，即出口产品集中度将有所下调。

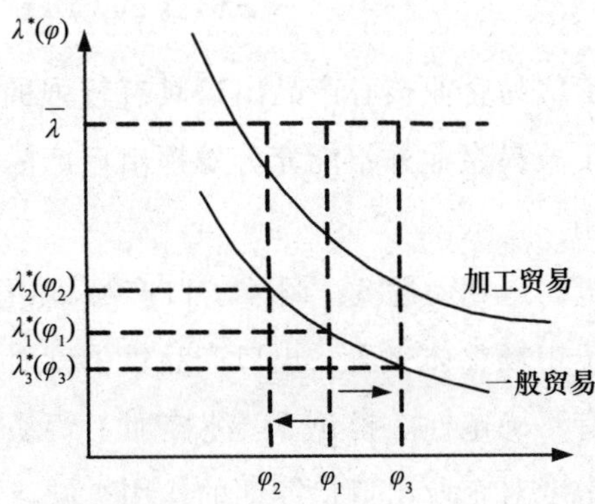

图 2.4.5　冲击下混合加工贸易企业生产率和出口产品属性临界值变化

综合上述分析，混合加工贸易企业可通过调整既有资源在内部异质产品间的分配比例，从而降低退出出口市场的概率。值得说明的是，基于整个市场中所有出口企业进行考察时，由于每个企业对市场冲击的反应不同，从市场整体来看，出口产品集中度对企业出口持续期的净影响效应具有不确定性，易受市场环境变化影响而发生改变。

2. 纯粹加工贸易企业

对于中国纯粹加工贸易企业来说，往往依靠国外厂商对某几个产品的加工或组装需求融入全球价值链，其生产经营的订单化特征十分明显，而且需要随时按照订单要求进行调整。而且彭国华和夏帆（2013）认为纯粹加工贸易企业并非国内优质企业向海外市场的自然延伸，其出口产品普遍缺乏国际市场竞争力，难以在竞争激烈的市场中站稳脚跟、缺乏屹立于国际市场的拳头产品，“两头在外”的经营特征使得纯粹加工贸易企业的生产经营决策权缺乏自主性、易被外商俘获锁定。因而不同于混合加工贸易企业，本书认为纯粹加工贸易企业核心出口产品种类的不确定性和波动性较大，从而假定纯粹加工贸易企业最畅销出口产品 $\bar{\lambda}_p$ 受到外商和市场冲击为 ν（$0<\nu<1$），则纯粹加工贸易企业出口产品集中度为：

$$\tilde{r}_p(\varphi,\overline{\lambda_p}) = \frac{v\,(\varphi\,\overline{\lambda_p})^{\sigma-1}z(\lambda)}{\int_{\lambda_p^*(\varphi)}^{\bar{\lambda}}(\varphi\lambda)^{\sigma-1}z(\lambda)d\lambda} \tag{2.4.8}$$

由此纯粹加工贸易企业核心产品出口具有较强的不稳定性，进而本书认为纯粹加工贸易企业并不能充分发挥出口产品集中度对自身市场存活的促进作用。

综合上述分析，得到命题3：调整出口产品集中度将影响企业出口持续期，但基于市场整体来看，出口产品集中度对企业出口持续期的净影响效果具有不确定性。推论3：纯粹加工贸易企业并不能充分发挥出口产品集中度对企业出口持续期的作用，缺乏出口产品集中度对纯粹加工贸易企业出口持续期的微观影响渠道。

第三章　中国企业产品异质性和出口持续期的特征性事实

陈波和贺超群（2013）指出出口是拉动中国经济持续增长的重要“引擎”，中国出口贸易繁荣受到世界瞩目。然而在中国日益融入世界经济的同时，钱学锋等（2013）认为出口贸易表现出面对外部冲击时的脆弱性和持续贸易条件的恶化，这导致中国微观企业较高的出口退出风险和高频倒闭概率。本书研究旨在揭示出口产品异质性对企业出口持续期限的影响机制，前述章节已通过数理模型刻画了出口产品异质性对企业出口持续期影响的微观作用渠道。在基于中国微观企业数据量化估计出口产品异质性对中国企业出口持续期的影响效果之前，本章将充分挖掘中国企业的出口产品异质性和出口持续期限特征性事实，对中国企业异质产品出口动态进行现实考察，初步描述不同产品异质性特征下中国企业出口持续时间分布。

此外，随着生产力空前发展和科技进步突飞猛进，各国经济的组织和运行便不再拘泥于本土资源和市场，以生产国际化为本质特征的经济全球化日益形成和发展起来。以跨国公司的国际投资与贸易活动为依托，各国生产要素冲破地域及种族限制，实现了世界范围内的最优配置。在这一过程中，国际贸易分工不仅局限于部门之间，而且存在于部门之内；国际贸易方式不仅局限于利用本国比较优势要素直接生产制成品出口，而且拓展为进口原材料、中间品等进行加工、装配活动，复而出口制成品。这意味着，加工贸易逐渐发展起来。不同于发达国家，许多发展中国家和新兴经济体通过大量发展加工贸易融入世界市场、嵌入全球价值链，且加工贸易直接拉动了中国出口贸易的迅猛发展。因此，本章对中国企业出口产品异质性和出口持续期限的特征性事实挖掘中，将考察出口贸易方式的影响。

第一节 中国出口贸易发展的现实考察

一 中国出口贸易总体发展概况

改革开放以来，中国对外贸易迅猛发展，如图 3.1.1 所示出口贸易总量不断攀升（出口贸易所指货物出口贸易，下文同）。1978 年，中国出口贸易额仅 97.5 亿美元，居世界第 29 位，1994 年已攀升至 1210.1 亿美元，从而突破千亿美元大关。特别是随着 2001 年中国加入世贸组织，中国外贸体制逐步与国际贸易规则接轨，此后出口贸易发展实现了又一次飞跃——2007 年中国出口贸易额突破万亿美元，居世界第 2 位（仅次于美国）。虽然受到 2008 年全球性金融危机影响，2009 年中国出口贸易总量有所下滑，但仍以 12016.1 亿美元的数额跃居全球首位，占同期世界货物贸易出口总量近 9.0%。2013 年，中国继成为最大出口贸易国后实现了又一大突破，成为世界第一大进出口货物贸易大国，这是中国对外贸易发展道路上的里程碑，充分体现了改革开放以来中国融入全球经济所取得的重大成果，且在过去的两年里中国继续保持着全球第一货物贸易大国的地位。

由于出口依存度指标反映一国出口贸易在国民经济发展中的地位、对国际市场的依赖和本国对外出口开放程度，因而图 3.1.1 同样汇报了 1978—2015 年间中国出口依存度的发展变化趋势。观察图 3.1.1 可知，考察期间内中国出口依存度呈现先曲折中前进、后有所下降的发展态势：首先，1978—2006 年间，中国出口依存度从 1978 年的 4.6% 攀升至 2006 年的 35.7%，且后者为改革开放以来中国出口依存度峰值，虽然在这一阶段中的个别年份出口依存度略微下调，但总体上看这一阶段的中国出口依存度上升趋势明显。其次，2006—2015年间，我国出口依存度由2006年的历史高位显著回落，2009年出口依存度相比2008年下降约8个百分点，虽于2010年有小幅提高，但此后一直保持下降趋势，2015年中国出口依存度约为20.9%，表明在净出口的增加拉动中国国民经济增长的同时，出口依存度有所回落，体现了中国经济增长方式转变已成效显著。

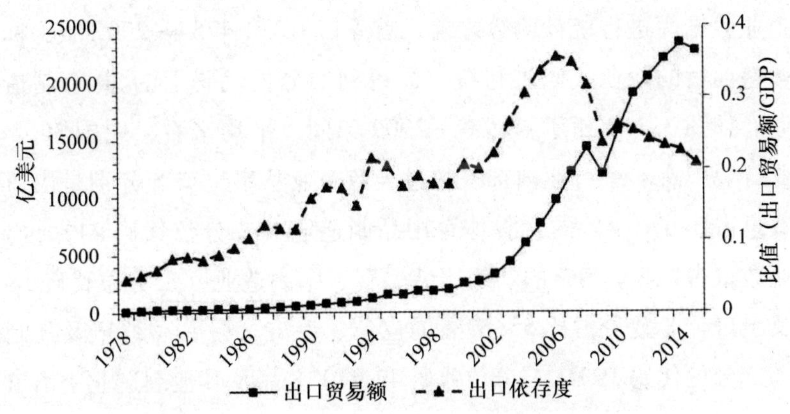

图3.1.1 1978—2015年中国出口贸易发展趋势

数据来源：国家统计局。

微观企业是最重要的市场主体和国民经济细胞，中国出口贸易繁荣由微观出口企业所推动。自从20世纪90年代中期，国际贸易学者将研究视角由国家和行业层面向微观企业层面聚焦以来，关于企业出口战略、出口和非出口企业贸易利得的讨论愈发广泛，既有经验研究挖掘得到的典型洞见是：出口是少数企业的国际化选择，且出口企业相比非出口企业往往绩效表现更为优异，这已得到许多文献的证实，例如伯纳德和詹森1995年和1999年研究，卡萨哈利和拉帕姆2013年、阿尔瓦雷斯和詹妮弗（Alvarez & Lopez）2005年、瓦格纳（Wagner）2007年研究等。对于中国而言，出口企业是稀缺的、绩效表现良好的吗？截至目前，已有大量文献对此进行研究，例如张杰等

(2009)、钱学锋等(2011)、金祥荣等(2012)以及范剑勇和冯猛(2013)等。此处本书利用1999—2009年来源于国家统计局的《中国工业企业数据库》，统计样本期间中国制造业行业内的出口企业平均数量占比情况，以体现制造业行业内中国出口企业数量分布。同时该数据库中对行业分类的依据即《国民经济行业分类与代码》在2002年前后有所调整，在调整前后分别采用GB/T 4754—1994版和GB/T 4754—2002版本作为行业分类的划分依据。因而在应用中国工业企业数据库进行统计测算之前，首先以GB/T 4754—2002版为标准对调整前后的行业代码进行统一，得到二分位代码下的30个制造业行业。如图3.1.2所示：1999—2009年间，平均来看，中国30个制造业行业中有4个行业内部有超过半数企业从事出口，分别是出口企业数量占比67.14%的文教体育用品制造业(二分位代码24)、出口企业数量占比59.09%的纺织服装、鞋、帽制造业(二分位代码18)，以及出口企业数量占比55.63%的皮革、毛皮、羽毛(绒)及其制品业(二分位代码19)，二分位代码42的工艺品及其他制造业中出口企

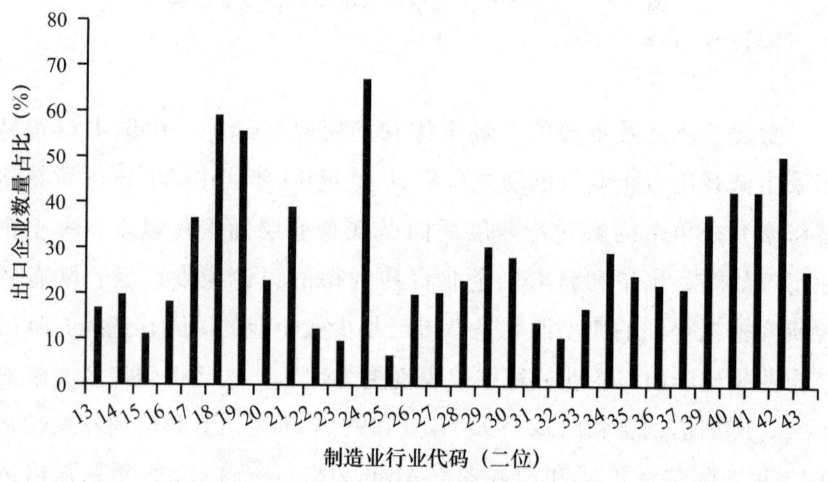

图3.1.2 1999—2009年二位行业代码分类下中国出口企业平均比例

数据来源：历年《中国工业企业数据库》。

业数量与非出口企业较为接近，出口企业占比50.47%。在其余制造业行业中，有21个行业中出口企业比例不超过1/3，与来自其他国家的经验证据相符，即少数企业选择出口国际化行为。其中，行业内出口企业数量最为稀少的3个制造业行业是：出口企业比例为6.59%的石油加工、炼焦及核燃料加工业（二分位代码25），出口企业比例为9.70%的印刷业和记录媒介的复制（二分位代码23），出口企业比例为10.60%的黑色金属冶炼及压延加工业（二分位代码32）。

二　中国出口加工贸易发展现状考察

加工贸易是发展中国家嵌入全球价值链的重要方式，加工贸易繁荣极大推进了中国出口贸易的迅猛发展。《中华人民共和国海关对加工贸易货物监管办法》中对加工贸易的定义是，经营企业进口全部或者部分原辅材料、零部件、元器件、包装物料，经加工或者装配后，将制成品复出口的经营活动，包括来料加工和进料加工。孙玉琴等（2013）在研究中对改革开放以来中国加工贸易的演进和发展，大致划分为如下四个阶段：开始积极探索“三来一补”业务的起步阶段（1978—1987年），明确提出发展“两头在外、大进大出”加工贸易的积极鼓励阶段（1988—1994年），对加工贸易管理政策从单纯鼓励走向综合监管的加强监管阶段（1995—2000年），以及随着中国更为深入地参与国际分工、加工贸易发展速度加快的加工贸易转型升级阶段（2001年至今）。本书此处根据国家统计局数据资料，描绘了中国“入世”以来货物贸易出口中，一般贸易和加工贸易出口额占比及各自相比上一年的增长速度如图3.1.3所示。

图3.1.3能直观、清晰地反映出不同贸易方式下中国货物贸易出口额的比例情况：（1）中国货物贸易出口对加工贸易依赖性较强，2001—2007年加工贸易出口份额均在50%以上，虽然从2008年起整体上呈现下滑的发展态势，但加工贸易出口比例仍然占据高位，例如2015年出口比例近36.0%。（2）在样本考察期间，一般贸易出口比

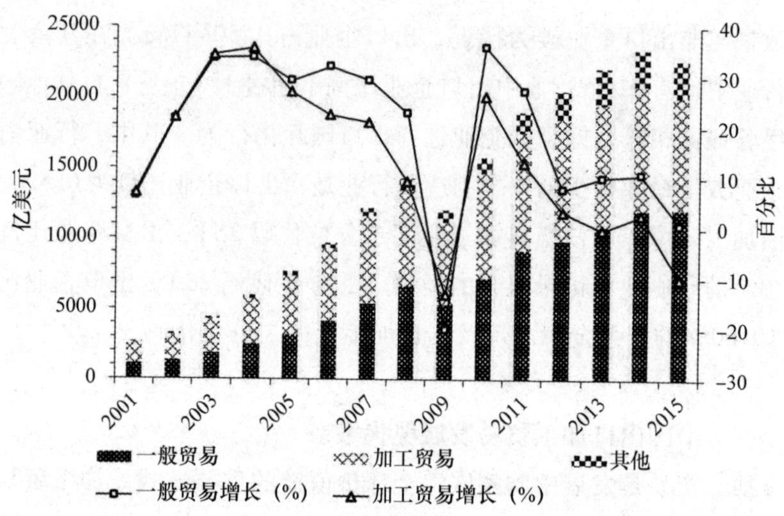

图 3.1.3　2001—2015 年中国货物出口贸易变化趋势

数据来源：国家统计局。

例在 42.04% 到 53.42% 之间波动，整体上呈现上升趋势，于 2015 年达到峰值 53.42%。（3）中国加工贸易以劳动密集型行业为主，产品附加值低、大多依靠劳动力优势赚取微薄的加工费用，往往扮演着全球产业链中利润最为单薄的角色。通过分析可知，加工贸易出口占比不断降低，也是中国劳动力、土地等要素成本上升而导致加工贸易成本提高，以及全球产业链中的加工环节逐渐向越南等劳动力资源更为廉价国家转移的重要反映。（4）从一般贸易和加工贸易出口比上年增长的速度来看，在中国加入世贸组织前几年中，二者增速较为接近，且前者略低于后者，但从 2005 年开始，中国一般贸易出口增速超过加工贸易，并随着时间推移差距不断拉大。自 2009 年之后，中国货物贸易出口于 2015 年又一次出现负增长，这主要是受到了全球贸易深度调整期、国际经济总体复苏乏力的影响。

加工贸易对中国出口贸易增长贡献卓著，从微观层面来看，加工贸易企业是否在中国出口企业中同样占据重要地位？本书根据中国海关进出口数据库，在表3.1.1中报告了出口流量下2000—2006年间中国不同贸易方式出口企业数量和出口贸易额的分布情况。本书借鉴戴觅等（2014）的研究，基于贸易方式将出口企业划分为三类：纯粹加工贸易企业、一般贸易企业和混合加工贸易企业；纯粹加工贸易（一般贸易）企业的定义是，历年中出口企业的任一产品出口均在加工贸易（一般贸易）方式下进行；混合加工贸易企业，则是历年中产品出口的贸易方式同时囊括加工贸易和一般贸易，且不包括其他贸易方式。同时，本书借鉴费尔南德斯和唐（Fernandes & Tang）2015年研究，产品出口贸易方式为来料加工（Processing and Assembling）抑或进料加工（Processing with Imported Materials）均视为在加工贸易方式下出口产品，而数据库中产品出口贸易方式记录为一般贸易（Ordinary Trade）时视为产品在一般贸易方式下出口。于（Yu）2015年同样指出来料加工和进料加工是中国加工贸易中的最主要形式，且费尔南德斯和唐2015年研究发现2000—2006年间其余贸易方式出口额之和占据历年中国出口总额比例小于3%。

表3.1.1 2000—2006年基于贸易方式分类的中国出口企业比例 单位：%

企业种类 / 年份	纯粹加工贸易企业		一般贸易企业		混合加工贸易企业	
	数量	贸易额	数量	贸易额	数量	贸易额
2000	23.27	21.71	47.04	17.43	29.69	60.86
2001	21.65	21.83	49.74	17.93	28.61	60.24
2002	19.34	21.78	53.72	20.49	26.94	57.73
2003	16.74	24.32	58.91	21.44	24.35	54.24
2004	13.96	21.95	64.27	24.03	21.77	54.02
2005	11.83	21.69	67.67	24.60	20.50	53.71
2006	9.69	22.37	71.84	28.52	18.47	49.11
平均	16.64	22.24	59.03	22.06	24.33	55.70

注：数据来源为中国海关进出口数据库，并剔除企业代码信息缺失的样本，剔除纯粹加工贸易、一般贸易和混合加工贸易企业以外的出口企业样本。

由表3.1.1分析可知，2000—2006年间中国三类贸易方式出口企业中的大多数经营者仅从事一般贸易出口，且呈上升发展态势，样本考察期间一般贸易企业数量平均占比59.03%，混合加工贸易和纯粹加工贸易出口企业数量占比总和介于28.16%到52.96%之间。然而，比较三类企业对中国出口贸易额的贡献来看，则是混合加工贸易企业贡献最大，样本考察期间平均贸易额贡献超过半数（55.70%），而一般贸易和纯粹加工贸易企业贸易额比例较为接近，平均来看，分别为22.06%、22.24%。以上发现表明，虽然三类出口企业中，一般贸易企业是中国出口企业中的主体，但中国出口贸易增长主要由混合加工贸易企业推动。

第二节　中国企业出口产品异质性特征分析

第一节分析是从宏观层面初步分析了中国出口贸易的发展现状和变化趋势，并对中国参与全球价值链分工和出口爆炸式增长中，加工贸易出口的动态演进过程进行了概述。接下来本书深入至微观企业及企业内异质产品层面，挖掘中国出口贸易发展背后、微观企业内部异质产品出口的经济力量和特征性事实。根据第二章数理模型结论，本书从出口产品范围、出口产品转换和出口产品集中度三个维度揭示出口产品异质性对企业出口持续期的微观作用渠道。因而在本章基于中国企业样本的出口产品异质性特征性事实刻画中，也从以上三个维度展开讨论。

此外有三方面问题值得说明，第一，本章余下研究以中国海关进出口统计数据库中企业产品贸易数据样本为依托，并对个别缺失样本信息予以剔除，例如缺失企业单位名称、产品编码信息等的企业样本。第二，中国海关进出口数据库中产品统计标准为HS（Harmonized System，简称HS；《商品名称及编码协调制度的国际公约》）8位码，但国际中通用的标准为HS6位码，为了方便与国际上来自其他国家的研究进行对比分析，作者将 HS8 位码向 HS6 位码对齐，即产品种类的划分均在 HS6 位码下进行。第三，由于加工贸易区别于一般贸易发展的特殊性，以及加工贸易在中国从计划经济向市场经济转型中对我国融入世界经济所起到的重要作用，区分贸易方式挖掘出口产品异质性特征性事实十分必要。因而本书根据前文分析，将历年出口企业划分为纯粹加工贸易企业、一般贸易企业和混合加工贸易企业三种类型展开讨论，且在中国海关进出口数据中剔除了除以上三类贸易方式以外的企业样本集合，但这部分企业样本比例不大。

一　基于出口产品范围的特征分析

（一）基于微观企业产品贸易数据的汇总分析

首先，本书关注出口产品范围在不同产品分类下的分布情况。既有研究已提供了来自其他发达国家和发展中国家产品范围在各行业中分布状况的证据，例如伯纳德等 2010 年研究发现 1972—1997 年间基于 SIC 产品编码部门分类下，美国企业在各行业平均产品种类分布介于 1.1 到 5.1 个。纳瓦罗 2012 年研究指出智利历年制造业企业调查表的数据显示，1996—2000 年间基于 ISIC2 位码产品部门分类下，智利出口产品种类介于 33 到 364 之间。基于海关 HS 编码产品分类系统，本书将“企业—产品”层面数据进行汇总，进而描述中国出口产品范围特征，以 2006 年为例的测度结果汇总如表 3.2.1 所示，产品种类划分参照联合国国际贸易统计数据中的 2002 版 HS 编码产品分类标准。

总体来看，出口产品范围排名前三的类别是第十一类纺织原料及纺织制品（845 个），第十六类机器、机械器具、电气设备及其零件，录音机及放声机，电视图像、声音的录制和重放设备及其零件、附件（791 个），以及第六类化学工业及其相关工业的产品（784 个）。从各产品大类下 HS2 位码即产品章节中的平均出口产品范围来看，排名前三的分别是第十六类产品、各章节下平均出口 395.5 个产品，第七类塑料及其制品、橡胶及其制品、平均出口105.5个产品，以及第十八类产品（光学、照相、电影、计量、检验、医疗或外科用仪器及设备、精密仪器及设备；钟表；乐器；上述物品的零件、附件）、平均出口79.3个产品种类。进一步地，在HS4位码即产品章节下的各个条目层面来看，2000—2006年中国平均出口产品范围介于0.1（第二十一类艺术品、收藏品及古物）到5.9个（第十六类）之间。

表3.2.1　2006年基于中国出口企业样本的出口产品范围特征　单位：个

分类	范围	范围/章	范围/目
1	167	33.4	3.8
2	247	27.4	3.1
3	43	43.0	2.0
4	185	20.6	3.3
5	139	46.3	2.1
6	784	71.3	4.4
7	211	105.5	4.9
8	66	22.0	3.1
9	79	26.3	2.9
10	149	49.7	3.6
11	845	60.4	5.5
12	55	13.8	2.8
13	140	46.7	2.9
14	44	44.0	2.4
15	570	47.5	3.6
16	791	395.5	5.9
17	127	31.8	3.3
18	238	79.3	4.3
19	12	12.0	1.7
20	130	43.3	4.1
21	9	4.5	0.1

表 3.2.2　2006 年基于中国不同贸易方式出口企业样本的出口产品范围特征

单位：个

分类	纯粹加工贸易企业			一般贸易企业			混合加工贸易企业		
	范围	范围/章	范围/目	范围	范围/章	范围/目	范围	范围/章	范围/目
1	37	7.4	0.8	149	29.8	3.4	128	25.6	2.9
2	38	4.2	0.5	240	26.7	3.0	211	23.4	2.7
3	10	10.0	0.5	39	39.0	1.8	35	35.0	1.6
4	76	8.4	1.4	172	19.1	3.1	172	19.1	3.1
5	18	6.0	0.3	131	43.7	2.0	109	36.3	1.7
6	199	18.1	1.1	766	69.6	4.3	741	67.4	4.2
7	145	72.5	3.4	210	105.0	4.9	207	103.5	4.8
8	48	16.0	2.3	62	20.7	3.0	63	21.0	3.0
9	51	17.0	1.9	74	24.7	2.7	73	24.3	2.7
10	98	32.7	2.4	145	48.3	3.5	139	46.3	3.4
11	603	43.1	4.0	834	59.6	5.6	827	59.1	5.6
12	54	13.5	2.7	55	13.8	2.8	55	13.8	2.8
13	78	26.0	1.6	140	46.7	2.9	139	46.3	2.8
14	26	26.0	1.4	35	35.0	1.9	36	36.0	2.0
15	347	28.9	2.2	559	46.6	3.6	547	45.6	3.5
16	509	254.5	3.8	782	391.0	5.9	772	386.0	5.8
17	58	14.5	1.5	122	30.5	3.2	112	28.0	2.9
18	180	60.0	3.2	233	77.7	4.2	226	75.3	4.0
19	1	1.0	0.1	6	6.0	0.9	8	8.0	1.1
20	124	41.3	3.9	130	43.3	4.1	129	43.0	4.0
21	2	1.0	0.02	9	4.5	0.1	9	4.5	0.1

其次，表 3.2.2 报告了 2006 年基于中国三类贸易方式出口企业样本的出口产品范围分布。无论是在各产品大类下，还是在各产品类别的各个章节和条目下，基于纯粹加工贸易企业样本统计得到的（平均）出口产品范围，明显低于基于一般贸易和混合加工贸易企业样本的统计结果，且后两者的（平均）出口产品范围比较接近。以上结

论与第二章模型分析和前文预期相符，即中国加工贸易企业出口产品范围相对较窄，本书认为这是由于我国加工贸易企业被动性接受出口订单的模式明显，经营发展中缺乏话语权，因而难以结合外界市场和自身发展需求自主进行产品决策。而一般贸易企业通常是国内优质企业向海外市场延伸的自然选择，因而可以凭借自身竞争实力自主选择出口产品范围，产品决策更为灵活。

（二）基于微观企业内部层面的出口产品范围特征分析

通过基于中国出口企业样本描绘 HS 产品编码分类下出口产品范围可知，在各部门和行业中我国出口产品范围较广，且由于贸易方式不同而产生差异。深入至每个出口企业内部、出口产品范围如何分布？出口产品种类是否分布于多个行业、多个部门？第一，本书根据企业出口产品范围不同，将出口企业大致分为两类——单产品、多产品出口企业，进而回答上述问题。表 3. 2. 3 报告指出，样本考察期间，中国多数出口企业出口多个产品种类，单产品、多产品出口企业数量平均占比分别为 26. 44%、73. 56%，且多产品出口企业对出口贸易额的平均贡献高达 93. 45%、平均出口产品数量 18. 73 个。由此可知，对于我国这样一个世界贸易大国来说，多产品企业普遍存在且对出口贸易发展贡献卓著，是中国出口行为最主要的执行者，这亦被彭国华和夏帆（2013）研究证实。现有来自其他国家的许多经验证据也都指出了企业多产品经营的广泛性及多产品企业对国家经贸发展的重要作用。例如伯纳德等 2014 年基于 SIC5 位码产品分类，美国 1997 年多产品企业数量占企业总数 39%，贡献了同期 87% 的国家产出量；基于 CN8 位码产品分类，2005 年比利时多产品出口企业数量占比 65. 95%、对出口额贡献高达 97. 92%。高柏等 2010 年基于 CMIE 国际产品划分标准，1989—2003 年间印度多产品制造业企业对国家产出贡献比例为 80%，但与许多其他国家事实不同的是，样本考察期间印度单产品企业数量占比（53%）略高于多产品企业（47%）。埃利奥特 2010 年基于 ISIC 产品分类，泰国企业多产品经营者对国家经济发展的贡献相对较低，2001—2004 年间多产品企业和多产品出口企业分别对产出和出口销售额的贡献为 57% 和 52%。截至目前，有关我国多产品企业、企业内部出口产品范围与广度的研究尚处于不断发展阶段，这也恰恰体现了本书的研究价值。此外分别有平均 66.53%、54.51% 的中国出口企业内部产品种类跨越多个条目（HS4 分位码）和多个产品章节（HS2 分位码），且平均来看两类企业的出口贸易额占比分别高达 89.95% 和 81.90%，表明中国出口企业不仅出口多个产品，产品间的差异化特征亦较为明显。

在表 3.2.3 分析的基础上，本书基于三类贸易方式企业样本再次进行统计工作，结果汇总如表 3.2.4 所示。由表 3.2.4 可知，相比而言混合加工贸易出口企业的多产品企业数量占比平均最高，其次为一般贸易企业，而纯粹加工贸易企业的多产品企业数量相对较少，但仍超过半数，三类企业的多产品企业平均数量占比分别为 88.89%、69.69% 和 62.69%，样本考察期间对出口贸易额的平均贡献分别为 96.84%、88.37%、85.69%。

表 3.2.3　　2000—2006 年基于出口产品范围分类的中国出口企业统计

产品分布类型	企业数量占比（%）	出口贸易额占比（%）	每个企业平均出口产品/目/章/类（个）
单产品	26.44	6.55	1.00
多产品	73.56	93.45	18.73
多条目	66.53	89.95	13.53
多章节	54.51	81.90	6.93

在企业内部出口产品于不同行业和部门分布的情况来看，总体来看，混合加工贸易出口企业中产品多行业、多部门分布的企业数量和贸易额均更高。以上分析表明，混合加工贸易企业由于出口贸易方式多元化，产品出口种类的异质性和多样化特征亦更突出。现有为数不

表 3.2.4　　2000—2006 年贸易方式和出口产品范围分类的中国出口企业统计

企业贸易方式	产品分布类型	企业数量占比（%）	出口贸易额占比（%）	每个企业平均出口产品/条目/章节（个）
纯粹加工贸易	单产品	37.31	14.31	1.00
	多产品	62.69	85.69	6.46
	多条目	52.12	79.34	4.40
	多章节	33.90	62.63	3.03
一般贸易	单产品	30.31	11.63	1.00
	多产品	69.69	88.37	16.91
	多条目	63.19	81.98	12.47
	多章节	52.69	72.89	6.84
混合加工贸易	单产品	11.11	3.16	1.00
	多产品	88.89	96.84	24.06
	多条目	82.18	94.55	15.34
	多章节	69.49	88.07	7.13

多的区分贸易方式探讨我国出口企业产品范围的研究中，也发现了一般贸易企业相比加工贸易企业所表现出的更为明显的多产品经营特征，例如费尔南德斯和唐 2015 年统计发现 2000—2006 年间我国一般贸易出口企业平均出口产品种类高于加工贸易出口企业。从 2005 年我国制造企业在各行业的平均出口范围来看，一般贸易和加工贸易行业的平均产品范围分别为 8.5 个、8.4 个，且前者出口产品范围居首的是印刷业和记录媒介的复制（22.1 个），后者居首的为纺织服装、鞋、帽制造业（16.2 个）。

第二，从动态演变趋势分析，中国企业倾向于扩展还是收缩出口产品范围？笔者通过测算多产品与单产品出口企业之间的转换概率来考察这一问题。表 3.2.5 汇报了样本考察期内，连续两年经营企业的单产品和多产品出口转换比例，以 2000 年和 2001 年为例说明统计方法：挑选得到在两年内连续经营的中国出口企业，分别统计 2000 年为单产品（多产品）企业并在2001年转换为多产品（单产品）企业，或继续维持单产品（多产品）出口的四种类型企业个数，从而测算各种类型企业占连续经营企业总数比例。由表3.2.5测算结果可知，样本考察期间我国多产品出口企业在下一年继续保持多产品出口的比例范围是67.94%—71.77%，且处于上升态势，仅有平均6.97%的多产品出口企业在下一年中转换为单产品经营，表明多产品出口企业不但是中国出口企业主体，而且我国企业在持续出口时表现出较强的扩展出口产品范围倾向。另一方面，中国出口企业在连续两年经营期内保持单产品出口的比例介于13.14%到15.11%之间，且呈逐年下降态势，并有平均8.97%的单产品企业在下一年中拓展产品出口范围、成为多产品出口企业，这同样反映了样本考察期间中国企业出口产品范围处于上升的阶段。

表3.2.5　　单产品和多产品出口企业转换比例　　单位：%

	单产品	多产品		单产品	多产品
2000年	2001年		2001年	2002年	
单产品	15.11	8.64	单产品	14.58	8.96
多产品	8.31	67.94	多产品	7.43	69.03
2002年	2003年		2003年	2004年	
单产品	14.60	9.20	单产品	14.19	9.18
多产品	6.61	69.59	多产品	6.52	70.11
2004年	2005年		2005年	2006年	
单产品	13.64	9.30	单产品	13.14	8.53
多产品	6.37	70.69	多产品	6.56	71.77

企业出口贸易方式的差异，是否会给企业出口产品范围发展倾向带来异质影响？通过表3.2.6的测算结果可知，总体上看，三类贸易方式出口企业中多产品出口为主并保持稳步上升态势的特征并未改变，但相对而言，混合加工贸易企业在连续两年中维持多产品出口的

倾向性最高，由2000年的84.88%攀升至2006年的88.32%，纯粹加工贸易和一般贸易出口企业中的这一比例在2000年较为接近，分别为60.91%和60.12%，但后者表现出更为强劲的上升态势，截至2006年二者比例分别攀升至62.61%和67.86%。此外，纯粹加工贸易出口企业在连续两年一直出口单个产品种类的比例较高，为24.34%—25.62%，说明纯粹加工贸易企业出口产品范围相比其他两类企业更窄，单产品出口特征相对更为明显，这一分析亦符合前文分析和预期。

表3.2.6 基于贸易方式分类的单产品和多产品出口企业转换比例 单位：%

	纯粹加工贸易			一般贸易			混合加工贸易	
	单产品	多产品		单产品	多产品		单产品	多产品
2000年	2001年		2000年	2001年		2000年	2001年	
单产品	25.62	6.40	单产品	17.37	11.52	单产品	6.10	4.83
多产品	7.07	60.91	多产品	10.99	60.12	多产品	4.19	84.88
2001年	2002年		2001年	2002年		2001年	2002年	
单产品	24.84	7.33	单产品	16.67	11.51	单产品	6.21	4.49
多产品	6.02	61.81	多产品	9.55	62.27	多产品	3.94	85.36
2002年	2003年		2002年	2003年		2002年	2003年	
单产品	24.66	6.89	单产品	16.61	11.76	单产品	5.86	4.31
多产品	5.55	62.90	多产品	7.93	63.70	多产品	3.43	86.40
2003年	2004年		2003年	2004年		2003年	2004年	
单产品	24.34	6.85	单产品	15.99	11.27	单产品	5.38	4.31
多产品	5.72	63.09	多产品	7.90	64.84	多产品	2.94	87.37
2004年	2005年		2004年	2005年		2004年	2005年	
单产品	25.30	6.87	单产品	15.16	11.21	单产品	4.92	3.91
多产品	5.20	62.63	多产品	7.51	66.12	多产品	3.14	88.03
2005年	2006年		2005年	2006年		2005年	2006年	
单产品	25.57	6.04	单产品	14.41	10.13	单产品	5.04	3.52
多产品	5.78	62.61	多产品	7.60	67.86	多产品	3.12	88.32

第三，在前述分析基础上，本书进一步细化企业出口产品范围，从而考察不同出口范围即出口产品种类下，中国出口企业的数量和贸易额占比情况，测算结果汇总如表3.2.7所示。与前文分析保持一致的是，中国出口企业主力军为多产品企业，表3.2.7显示历年单产品出口企业数量为23.73%—28.28%，并随着时间推移呈现明显下降趋势，而贸易额占比数值更小，介于6.02%—7.32%之间。按照出口

表3.2.7　基于出口产品范围分类的中国出口企业数量和贸易额占比

单位：%

产品种类	2000年	2001年	2002年	2003年	2004年	2005年	2006年
单产品	贸易额占比（企业数量占比）						
1	7.32 (28.28)	7.24 (27.78)	6.36 (27.02)	6.35 (26.91)	6.40 (26.27)	6.02 (25.10)	6.14 (23.73)
多产品	贸易额占比（企业数量占比）						
2	6.34 (16.64)	6.52 (16.73)	7.03 (16.15)	7.04 (15.91)	6.54 (15.46)	6.35 (15.29)	6.73 (14.68)
3	4.92 (10.37)	5.53 (10.59)	5.04 (10.62)	4.60 (10.51)	5.15 (10.17)	5.85 (10.07)	5.00 (9.96)
4	4.99 (7.38)	4.48 (7.41)	4.87 (7.47)	3.96 (7.19)	4.49 (7.36)	4.48 (7.45)	4.61 (7.21)
5	4.63 (5.47)	4.54 (5.42)	3.97 (5.48)	5.06 (5.43)	3.67 (5.59)	3.89 (5.45)	4.10 (5.51)
6—10	13.92 (12.97)	14.22 (13.37)	13.84 (13.73)	13.79 (14.01)	13.99 (14.12)	13.82 (14.82)	12.83 (14.62)
11—20	11.28 (7.97)	11.45 (8.04)	12.38 (8.57)	11.97 (8.81)	14.09 (9.18)	12.78 (9.78)	13.54 (9.96)
21—30	4.39 (3.00)	4.98 (2.93)	5.39 (3.26)	6.57 (3.19)	5.98 (3.37)	6.60 (3.68)	7.56 (3.85)
31—40	2.70 (1.60)	3.06 (1.64)	3.29 (1.53)	4.35 (1.62)	4.96 (1.87)	4.57 (1.86)	5.07 (2.07)
41—50	2.27 (1.04)	2.30 (0.97)	2.42 (1.00)	2.02 (0.97)	2.74 (1.12)	3.85 (1.16)	4.53 (1.35)
>50	37.24 (5.28)	35.70 (5.10)	35.41 (5.17)	34.29 (5.45)	31.99 (5.49)	31.79 (5.34)	29.89 (7.06)

产品种类将多产品出口企业进一步细分可知，中国出口企业以多产品出口为主，且多产品出口企业对国家出口贸易额的贡献很大，历年占比超过92%。此外，中国多产品出口企业数量和出口额集中在产品种类较少的产品上，这与邱和于2014年利用2000—2006年间中国工业企业和海关进出口数据库匹配数据的统计结论相符，他们指出中国有约2/3的出口企业出口小于5个产品、仅有5%的出口企业出口超过25个种类的产品。蒋灵多和陈勇兵（2015）利用中国出口企业匹配数据亦发现多数多产品出口企业贸易额集中在少数产品种类上。详细分析表3. 2. 7可知：出口两个产品种类的我国出口企业数量和出口贸易额分别平均为6. 65%、15. 84%；总体上看，出口3、4及5个产品种类的出口企业贸易额和数量占比随着产品种类的提高而减少，企业数量占比相对最高的是出口3种产品的多产品企业（占比区间为9. 96%—10. 62%）；出口6个及以上产品种类的中国多产品出口企业数量占比约1/3、出口贸易额占比约2/3。同时表3. 2. 7汇报结果能够反映样本考察期间，中国企业出口产品范围的动态发展倾向：随着时间推移，多产品出口企业数量（贸易额）占比由71. 72%（92. 68%）上升到76. 27%（93. 87%），表明中国企业出口产品范围呈现扩张的演变趋势。

此外，表3. 2. 8汇报了出口产品范围分类下中国不同贸易方式出口企业的数量和贸易额分布情况。考虑到篇幅，此处报告的是样本考察期间的偶数年份统计结果，由此可获知如下几个基本事实：第一，无论基于纯粹加工、混合加工贸易还是一般贸易企业样本的统计结果分析，中国出口贸易的主要贡献者均为多产品企业，这符合前文分析结论；第二，比较三类贸易方式企业的出口企业数量和贸易额分布来看，混合加工贸易企业中多产品经营者的表现相对最为活跃，从多产品企业数量比例（90%左右）和贸易额比例（97%左右）数值考察均为最高，而中国纯粹加工贸易企业中的多产品企业数量和贸易额比例数值相对最小，分别约为63%、82%—87%；这一发现符合前文分析，即中国纯粹加工贸易企业由于在较大程度上受制于国外合作厂商，因而出口产品范围较窄，产品经营决策缺乏灵活性；第三，表3.2.8亦能够反映出2000—2006年间中国不同贸易方式出口企业数量和贸易额的动态变化模式，整体来看，一般贸易和混合加工贸易企业表现出较为明显的出口产品范围扩展倾向，具体表现为两类企业中历年单产品企业数量和贸易额占比呈现逐渐下降的发展趋势，而纯粹加工贸易企业中的单产品企业出口贸易额比例则表现得较为稳定。

表3.2.8 基于出口产品范围和企业贸易模式分类的中国出口企业数量和贸易额占比

单位：%

产品种类	2000年			2002年		
	纯粹加工	一般贸易	混合加工	纯粹加工	一般贸易	混合加工
单产品	贸易额占比（企业数量占比）					
1	18.33 (37.90)	15.57 (34.11)	3.14 (12.42)	13.29 (37.04)	10.89 (31.45)	3.59 (11.68)
多产品	贸易额占比（企业数量占比）					
2	13.48 (18.78)	10.44 (17.67)	4.35 (14.20)	15.52 (18.66)	11.18 (17.09)	4.41 (13.57)
3	9.48 (11.12)	6.38 (10.14)	4.29 (10.68)	9.14 (11.44)	7.81 (10.57)	3.83 (10.86)
4	7.37 (7.31)	5.12 (6.61)	5.41 (8.85)	9.41 (7.75)	7.06 (7.03)	3.70 (8.56)
5	7.13 (5.24)	4.94 (4.83)	4.61 (6.86)	6.55 (5.53)	4.16 (4.89)	3.97 (6.83)
6—10	19.78 (11.10)	10.76 (10.69)	15.33 (17.94)	19.03 (11.12)	12.92 (12.21)	14.68 (18.78)
11—20	15.24 (6.14)	10.02 (6.62)	12.70 (11.21)	13.23 (5.83)	11.48 (7.24)	14.01 (12.74)
21—30	3.03 (1.56)	5.81 (2.74)	4.72 (4.37)	4.10 (1.65)	5.97 (2.84)	5.10 (4.82)
31—40	1.18 (0.42)	4.03 (1.52)	3.39 (2.35)	2.42 (0.52)	3.38 (1.43)	3.29 (2.13)
41—50	1.73 (0.19)	3.17 (1.03)	2.12 (1.52)	1.01 (0.17)	3.07 (0.96)	2.29 (1.39)
>50	3.25 (0.24)	23.76 (4.04)	39.93 (9.60)	6.30 (0.29)	22.08 (4.29)	41.13 (8.64)

续表

产品种类	2004 年			2006 年		
	纯粹加工	一般贸易	混合加工	纯粹加工	一般贸易	混合加工
单产品	贸易额占比（企业数量占比）					
1	13.74 (37.08)	11.78 (29.43)	2.87 (10.34)	12.37 (37.36)	9.28 (25.92)	3.25 (9.94)
多产品	贸易额占比（企业数量占比）					
2	9.73 (18.53)	10.30 (16.24)	5.34 (12.43)	11.03 (18.51)	9.34 (15.17)	5.45 (11.97)
3	7.15 (11.12)	7.45 (10.07)	4.72 (10.48)	7.54 (11.03)	6.97 (9.91)	4.01 (10.23)
4	7.94 (7.26)	5.44 (7.21)	3.63 (8.25)	5.65 (7.26)	5.53 (7.03)	4.99 (8.32)
5	5.37 (5.14)	4.20 (5.19)	3.75 (7.33)	4.90 (5.23)	4.69 (5.24)	4.44 (6.88)
6—10	19.22 (12.03)	14.16 (12.60)	14.51 (20.17)	15.74 (11.53)	15.02 (13.51)	13.63 (20.62)
11—20	9.66 (6.09)	12.96 (7.95)	17.02 (14.44)	11.39 (6.06)	13.81 (8.83)	14.18 (15.61)
21—30	7.93 (1.70)	6.25 (2.95)	5.83 (5.26)	4.07 (1.76)	6.18 (3.45)	10.31 (5.88)
31—40	6.83 (0.62)	3.88 (1.80)	5.31 (2.64)	6.77 (0.67)	4.08 (1.92)	5.16 (2.93)
41—50	1.03 (0.16)	3.41 (1.14)	2.97 (1.44)	8.09 (0.22)	3.60 (1.34)	3.13 (1.68)
>50	11.40 (0.27)	20.17 (5.42)	34.05 (7.22)	12.45 (0.37)	21.50 (7.68)	31.45 (5.94)

二　基于出口产品转换的特征分析

在基于中国企业样本对出口产品范围进行现实考察之后，本书进一步挖掘中国企业出口产品转换的特征性事实。既有新新贸易理论的多产品异质性企业贸易模型研究强调，企业内部异质产品组合并非一成不变，而是根据外界市场和自身生产效率不断调整，详见伯纳德等2010 年和迈尔等 2014 年研究，这为企业转换出口异质产品提供了理论上的解释。实证研究方面，来自许多国家的既有研究已证实了企业内部不同产品间的频繁转换活动。例如伯纳德等 2016 年研究发现，1972—1997 年间美国制造业企业在每五年内增加、减少产品种类的企业比例为68%，经企业产出加权后这一比例上升为93%，表明规模较大企业的产品转换倾向性更强。阿马多尔和奥普罗莫拉（Amador & Opromolla）2013 年研究指出 1996—2005 年间，葡萄牙出口企业中每四年变换产品种类的比例小于产品无变换企业组（42.8%），且其中大部分出口企业（39.8%）只剔除旧的产品种类。本书借鉴阿马多尔和奥普罗莫拉2013 年研究，根据企业产品转换活动将中国出口企业划分为四种类型，进而考察中国企业出口产品转换行为特征：(1) 出口产品无转换企业，即相比 $t-1$ 年考察期，企业于 t 年并未变换出口产品种类；(2) 出口产品净增加企业，即相比$t-1$年，企业于 t 年只增加新的出口产品种类；(3) 类似地，出口产品净减少企业，即企业于 t 年只剔除 $t-1$ 年既有的出口产品种类；(4) 出口产品同增同减企业，即相比 $t-1$ 年，企业在 t 年于出口市场同时引入新产品并剔除既有旧产品。

表 3.2.9 报告了 2000—2006 年间中国持续出口企业中，在连续两年经营期内产品转换的比例（取样本考察期间平均值处理）。基于全体样本统计结果反映的基本事实是，2000—2006 年间中国有平均近 81% 的出口企业在连续两年内变换产品种类，且同增同减的出口企业占比超过半数（51.81%），表明中国出口企业内部产品频繁变换，意味着资源在企业内部从被剔除的旧产品转向增加的新产品、企业内“资源再配置”显著发生。进一步分析发现，中国单产品和多产品出口企业的出口产品转换行为有较大区别：总体来看，多数单产品出口企业（约 65.14%）并未改变出口产品种类组合，在变换出口产品种类的单产品出口企业中，约 90% 的企业只拓展新的产品线，仅有 3.49% 的企业同时增加新产品并剔除旧产品，体现了中国单产品出口企业缺乏内部资源重置效应的发生。与此相对应，中国多产品

出口企业中改变产品组合的经营者高达89.64%，且其中约2/3（61.35%）的企业采取同增同减的出口产品转换行为决策、资源重置过程频繁发生。值得说明的是，企业内部产品间资源重置作用的发挥受到国家经济发展和市场环境特征影响，例如高柏等2010年研究发现，1989—2003年间印度大多数企业并不转换产品种类，这类企业在单产品、多产品企业中的数量占比分别为76%和53%，且产品转换的企业主体更多地表现为产品净增加行为、多产品企业产品净剔除比例只有3%，他们认为这符合印度宏观的经济政策体制——20世纪90年代初期印度开始市场化经济改革，然而在此之前企业扩张会面临巨大的沉没成本，因而在印度经济飞速发展的背景下，印度企业并不情愿撤销既有产品线。

表3.2.9 2000—2006年中国持续出口企业出口产品转换活动占比 单位：%

产品转换	全样本	单产品	多产品
无变换	19.28	65.14	10.24
净增加	14.89	31.37	11.51
净减少	14.02	—	16.82
同增同减	51.81	3.49	61.43

此外，表3.2.10汇报了不同贸易方式出口企业的出口产品转换行为特征。由表3.2.10能够得到如下基本事实：总体上看，三类企业的出口产品转换行为具有一致性，即在三类企业的单产品出口经营者中，大多数并不转换产品种类，而三类企业中的多产品出口经营者却频繁改变产品组合，并以同增同减的企业内产品间“资源再配置”出口活动为主。

进一步地，从横向比较不同贸易方式出口企业的出口产品转换行为模式，会发现三类企业的差异化行为特征：相对而言，中国混合加工贸易企业的出口产品转换行为十分活跃，表现为只有少部分企业在

表 3.2.10　基于贸易方式分类的 2000—2006 年中国持续出口企业出口产品转换活动占比　　单位：%

	纯粹加工贸易企业		
	全样本	单产品	多产品
无变换	38.48	80.28	26.45
净增加	17.59	18.14	17.38
净减少	17.34	NA	22.34
同增同减	26.59	1.58	33.83
	一般贸易企业		
	全样本	单产品	多产品
无变换	20.58	62.37	8.90
净增加	15.55	32.96	10.50
净减少	15.54	NA	19.92
同增同减	48.33	4.67	60.68
	混合加工贸易企业		
	全样本	单产品	多产品
无变换	9.62	57.92	6.02
净增加	12.61	41.73	10.36
净减少	11.21	NA	12.06
同增同减	66.56	0.35	71.56

连续两年经营中并不进行出口产品转换活动，特别是出口产品同增同减行为十分频繁；纯粹加工贸易企业中只有少部分企业改变出口产品组合，这与前文预期相符，本书认为这是由于中国加工贸易企业竞争实力有限、普遍缺乏经营和决策自主权、易被外商俘获锁定所致。

三　基于出口产品集中度的特征分析

在前文分析基础上，本书继续探究中国企业出口产品集中度特征性事实。迈尔等 2014 年研究指出，企业凭借竞争优势存活于市场之中，从产品边际生产成本差异来看、微观企业内部不同产品具有异质性特征，每个企业内部都存在生产效率最高、最具竞争力的核心产品，且伯纳德等2010年研究认为出口市场的大规模和高激烈竞争程度将促使企业集中于核心产品的出口，贸易自由化亦会促使企业专注于产品核心能力的生产经营。因而出口贸易额在企业不同出口产品上的差异化分布，是企业出口产品具有异质性特征的重要反映。中国出口企业是否专注于内部核心产品的出口？出口贸易额如何在企业内部出口产品上进行分布？表3.2.11报告了2000—2006年间中国出口1—10种产品企业的产品出口额平均占比，对以上问题予以了回答，表中每行代表出口不同产品种类个数，每列代表出口产品贸易额从高到低排序。

由表3.2.11分析可知，首先，随着企业出口产品种类从1增加到10，中国企业核心出口产品（出口贸易额最大）贸易占比逐渐下降，从出口2种产品时的84.23%下降到出口10种产品时的56.10%，表明新产品种类增加会拉低既有核心出口产品的出口贸易额，但企业内部核心出口产品出口额占比仍超过半数；其次，除了企业内部核心出口产品，其余出口产品的出口贸易比例会随着企业出口产品种类的增加而呈现上升态势。

以上特征性事实不仅表明中国企业倾向于集中出口核心产品的客观事实，而且也反映出企业内出口产品的异质性特征。关于出口产品异质性问题，伯纳德等2010年通过测算企业内核心产品产出量的差异反映了企业内产品的异质性特征。截至目前，既有研究也提供了来自其他国家的现实证据：纳瓦罗2010年研究指出随着企业产品种类从1提高至10，1996—2000年间智利出口企业核心出口产品贸易额占比从100%减少到42%。高柏等2010年研究发现1989—2003年间印度企业核心产品销售额占比为46%，伯纳德等2010年认为1972—1997年间美国企业核心产品产出量占比依次降至45%。相对而言，阿马多尔和奥普罗莫拉2013年指出葡萄牙企业内部核心产品集中度较高，1996—2005年间经营4—10种产品的核心产品销售额占比仍高达71.5%，经营51种及以上种类产品的核心产品销售额占比为48%。

表3.2.11　2000—2006年中国出口企业内部出口产品贸易额分布

单位：%

	企业内出口产品种类									
排序	1	2	3	4	5	6	7	8	9	10
1	100.00	84.23	76.94	72.12	68.24	65.32	62.72	60.74	58.12	56.10
2		15.77	18.06	19.00	19.48	19.64	19.76	19.66	19.95	19.89
3			5.00	6.67	7.76	8.38	8.88	9.19	9.59	9.82
4				2.21	3.30	4.02	4.53	4.89	5.27	5.60
5					1.22	1.89	2.39	2.76	3.13	3.43
6						0.75	1.22	1.56	1.90	2.18
7							0.50	0.83	1.13	1.40
8								0.37	0.63	0.86
9									0.28	0.49
10										0.23

前文分析已经证实，中国不同贸易方式企业的异质产品出口动态具有差异特征。因而此处同样分别基于纯粹加工贸易、一般贸易和混合加工贸易企业样本，挖掘三类企业内部出口产品贸易额分布的特征性事实，以反映三类企业内部出口产品集中度情况，统计结果汇总如表3.2.12所示。表3.2.12报告结果显示：一方面，三类企业内部都具有向内部核心产品出口的倾向，且当出口10种产品时，核心产品出口贸易额占比仍超过半数，体现了中国出口企业在国际市场上集中出口自身最具竞争实力产品的客观事实；另一方面，相对而言，混合加工贸易企业内部表现出更高的出口产品集中度水平，随着出口产品种类从1增加到10，混合加工贸易企业核心出口产品贸易额占比从100.00%下降到59.97%，略高于纯粹加工贸易企业和一般贸易企业核心出口产品贸易额比重。

表 3. 2. 12　2000—2006 年中国不同贸易方式出口企业内部出口产品贸易额分布　单位：%

企业内部出口产品种类（基于纯粹加工贸易出口企业样本）										
排序	1	2	3	4	5	6	7	8	9	10
1	100.00	83. 12	75. 08	69. 68	65. 61	62. 43	59. 65	56. 79	53. 91	53. 21
2		16. 88	19. 51	20. 59	20. 97	21. 05	21. 07	20. 93	21. 18	20. 56
3			5. 41	7. 32	8. 52	9. 24	9. 72	10. 37	10. 82	10. 51
4				2. 41	3. 64	4. 42	5. 02	5. 62	6. 07	6. 16
5					1. 26	2. 08	2. 66	3. 19	3. 61	3. 76
6						0. 78	1. 34	1. 77	2. 17	2. 45
7							0. 54	0. 93	1. 25	1. 57
8								0. 40	0. 68	0. 95
9									0. 31	0. 56
10										0. 27
企业内部出口产品种类（基于一般贸易出口企业样本）										
排序	1	2	3	4	5	6	7	8	9	10
1	100.00	83. 36	75. 67	70. 64	66. 54	63. 27	60. 67	58. 99	55. 98	54. 01
2		16. 64	18. 79	19. 56	19. 89	20. 13	20. 08	19. 82	20. 04	19. 86
3			5. 54	7. 27	8. 38	9. 01	9. 45	9. 56	10. 11	10. 23
4				2. 53	3. 74	4. 48	5. 01	5. 27	5. 71	6. 06
5					1. 45	2. 2	2. 74	3. 09	3. 52	3. 83
6						0. 91	1. 44	1. 81	2. 19	2. 51
7							0. 61	1. 01	1. 34	1. 62
8								0. 45	0. 77	1. 02
9									0. 34	0. 59
10										0. 27
企业内部出口产品种类（基于混合加工贸易出口企业样本）										
1	100.00	88. 23	81. 48	76. 63	72. 69	70. 22	67. 21	64. 77	62. 59	59. 97
2		11. 77	15. 19	16. 91	18. 00	18. 13	18. 77	19. 04	19. 53	19. 69
3			3. 33	5. 04	6. 23	6. 92	7. 69	8. 21	8. 47	9. 05
4				1. 42	2. 33	3. 01	3. 55	4. 03	4. 35	4. 80
5					0. 75	1. 26	1. 69	2. 07	2. 38	2. 76
6						0. 46	0. 79	1. 10	1. 36	1. 63
7							0. 30	0. 55	0. 75	1. 02
8								0. 23	0. 40	0. 60
9									0. 17	0. 33
10										0. 15

第三节 中国企业出口持续期特征分析

一 数据库构建与生存函数估计方法

(一) 数据来源与对应

为了刻画与描绘中国企业出口产品异质性与企业出口持续时间分布特征，需要采用两套企业数据库。一套是海关进出口数据，即来自海关总署的中国海关进出口统计数据库（Chinese Customs Trade Statistics）：该套数据以月度为统计标准，追踪了中国每一个进、出口企业的每一笔贸易记录，统计指标覆盖面较广，不仅包含本书研究所需的企业贸易产品、贸易流向和贸易方式信息，还包含企业单位名称、运输方式、贸易数量和价格等重要信息。然而，这套数据库未囊括企业成立年份信息，因而不能对企业样本进行左删失（Left censoring）处理（下文数据处理中进行详细阐述）。由此本书同时采用另外一套数据库，即国家统计局汇编的中国工业企业数据库（Chinese Annual Survey of Industrial Firms）：这套数据库以年度为统计标准，囊括了历年我国国有企业以及规模以上（年营业收入不小于500万元）非国有企业样本集合；包含指标不仅有企业成立年份、单位名称及法人姓名等基本信息，还包含三大财务报表中的大部分财务信息指标，例如企业工业总产值、利润和债务水平、工业增加值、主营业务收入等，由此可测算得到企业生存时间及其他影响企业寿命的指标。综合考虑中国入世对国家融入国际市场的推动作用、美国次贷危机爆发对中国对外贸易的影响以及上述两套数据库的可获得性，本书实证研究样本区间设定为2000—2006年。

在获取以上数据库企业样本之后，需要对来自两个数据库的同一个企业样本信息进行相互对应。值得注意的是，由于两个数据库的企业编码系统不同（中国工业企业数据库、中国海关进出口数据库分别采用9位、10位制企业编码系统），数据库的对应工作不能简单以企业编码进行。近年来，随着利用上述数据库开展研究的国内外文献逐渐增多，有关数据库的对应技术也不断发展。其中，最为普遍的要数企业单位名称这一对应标准，因而本书借鉴阿博尔德等（Upward et al.）2013年研究方法即企业中文单位名称公共字段标准进行两套数据库的对应，该标准也是最为准确的对应准则。具体对应步骤为：首先，在海关数据库中保留下中国出口企业样本集合，并将出口企业产品活动和贸易额等信息从月度整理为年度标准，以方便后续对应工作的开展；其次，根据企业经营单位名称进行两个数据库对应。需要注意的是，两套数据库的同一个企业可能存在单位名称上的细微差别，例如“大连远洋运输有限公司”可能在另一套数据库中被记录为“大连远洋运输”或“大连（远洋）运输有限公司”。因而，为了在保证精准度的同时争取获得最为丰富的样本信息，本书在对应工作中采用“模糊匹配”技术，根据“模糊匹配”所得系数排序并进行企业样本的逐一核对，确定最终对应后的综合数据库：对应成功的企业数量平均占据中国工业企业数据库和中国海关进出口数据库企业总数的比例分别为16.85%、36.44%。此外，如前文所述，为了方便与国际上其他国家进行比较，将中国海关进出口数据库中产品编码从8位向6位对齐，即对企业出口产品特征性事实的统计和分析在HS6位码下进行。

仍需强调的是，对应后的出口企业样本其实具有较大随机性，且存在偏倚问题，例如对应成功的企业样本可能多是东部地区的出口企业，或者集中于某类行业，余2015年已发现其采用上述两个数据库对应成功的企业中大规模企业居多。基于有所偏倚对应企业样本研究后所得结论，便不适用于所有企业。为了保证对应成功数据的代表性，本书搭建“地区—行业—企业规模（员工人数衡量）”链条，以此测算每个企业的权重指标并纳入描述性统计和计量模型构建之中，具体地，以某个对应成功的出口企业为例，依据上述链条分别获得其在对应前中国工业企业数据库中数值以及对应后综合数据库中数值，二者比值则为权重指标。

（二）数据处理

第一步，由于2002年前后中国工业企业数据库中国民经济行业分类标准有所调整，因而将前、后两次调整的《国民经济行业分类与代码》（GB/T 4754—1994）和《国民经济行业分类与代码》（GB/T 4754—2002）进行转换和统一。第二步，为了尽可能避免因统计误差带来的数据偏误问题，借鉴以往研究，剔除了企业成立时间信息缺失或大于考察时间的企业样本，剔除中间品进口、工业增加值、销售额小于零值或缺失的样本信息，删除企业员工小于8或为缺失的企业样本，按照通用会计准则（GAPP）删除企业总固定资产、固定资产净值以及流动资产大于企业总资产的样本记录。第三步，解决研究生存问题所面临的数据删失问题。在获得前文对应后综合数据库的基础上，定义企业出口存续期也就是明确出口企业退出出口市场的“失败”事件发生情况。具体地，借鉴陈勇兵等（2012）有关贸易关系持续期的定义方法，如果“失败”事件（设置*Failure*变量加以衡量）在样本期间发生则*Failure*变量取值为1，否则取值为0。生存分析数据面临左侧删失（Left censoring）和右侧删失（Right censoring）问题，前者是指无法获知比样本考察期更早年份的企业经营状态，此时无法考察企业确切的成立和出口时间，后者是指无法获知比样本考察期更晚年份的企业经营状态，例如有些企业在考察期末年即2006年仍有出口，此时无法考察企业确切的退出出口市场时间，在上述两种情况下，都将导致企业持续期的有偏估计。毛其淋和盛斌（2013）指出生存分析研究方法可以恰当地处理右侧删失问题，本书亦采用这一方法进行出口产品异质性对中国企业出口持续时间影响的量化估计，估计结果详见本书接下来经验研究部分。同时，剔除左侧删失的样本数据进而克服左侧删失问题，本书的处理是删除2000年以前成立的企业样本。此外一些出口企业在样本期间内并非连续存在，而是由于倒闭、由出口转为内销抑或年收入低于500万元等情况而呈现间断出口行为，例如某年退出、隔年又重新进入，本书研究中剔除了这类企业样本。

（三）生存函数估计方法

在前文得到对应和处理后综合数据库的基础上，为了初步描述出口产品异质性下我国企业出口持续时间的分布特征，此处采用生存函数（Survival Function）进行刻画。包群等（2015）认为作为描述生存时间统计特征的基本函数、生存函数在生存分析中应用较为普遍。借鉴陈勇兵等（2012），本书选取广泛采用的 Kaplan-Meier（K-M）乘积限估计法描述中国出口企业的出口生存曲线，从而反映企业出口持续时间分布特征，并将前文数据处理中所述企业权重指标纳入估计之中。本书中企业出口持续时间 T 定义为企业从进入出口市场到退出所经历的年份时间长度，T 也是企业在出口市场中即企业出口的生存时间；若以 Y_s、Y_f 分别代表企业进入、退出的时间年份，则有 $T = Y_f - Y_s + 1$。在样本期间的任一年份 t 中，对于企业 i 出口持续时间 T 大于 t 的概率定义为：

$$S_i(t) = P(T_i > t) \tag{3.3.1}$$

如果企业 i 在任一观察时刻为 t_i，令 n_k^* 和 n_k 分别表示 k 期处于危险状态和同期观测而得失败对象即退出企业的个数，则对于考察年份 t 来说，则有 Kaplan-Meier 乘积限估计式：

$$\hat{S}(t) = \prod_{k=1}^{t}\left(1 - \frac{n_k}{n_k^*}\right) \tag{3.3.2}$$

二　中国企业出口持续时间分布特征分析

在采用 Kaplan-Meier 估计方法考察不同出口产品异质性分类下中国企业出口持续时间分布特征之前，首先采用 K-M 估计法初步描绘我国出口企业与非出口企业间、不同贸易方式企业间的企业生存曲线。在对出口与非出口企业的生存曲线进行估计时，采用的是 2000—2006 年中国工业企业数据库，在描述不同贸易方式企业间的企业出口持续时间分布时，采用之前所述2000—2006年中国工业企业和海关进出口数据库对应后数据，并均对数据进行了处理工作，企业出口贸易方式划分与前文相同。出口与非出口企业的生存函数估计结果如图3.3.1所示。

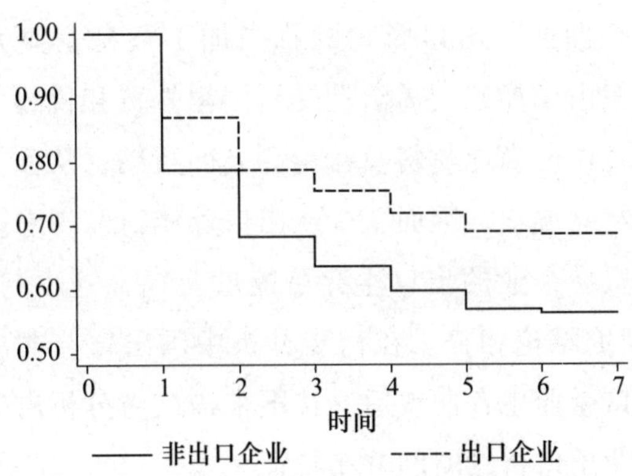

图3.3.1 中国出口与非出口企业的生存曲线

以梅里兹2003年研究为代表的暗含单产品假设异质性企业贸易模型指出，由于具有较高生产率水平，出口企业相对非出口企业生存潜力更大。而且，出口企业销售市场更加多元，大大削弱了单一市场下企业面临冲击时的倒闭风险。此外，瓦格纳（Wagner）2013年指出出口企业较高的绩效水平也有助于延长自身经营寿命，因而相比非出口企业来说出口企业面临市场风险的生存可能性更高。企业进入出口市场，还可充分利用国际市场资源，通过“技术外溢”和“学习效应”引进和吸收国际先进生产技术和管理理念促进自身出口生存。图3.3.1中生存曲线描绘显示，随着存续时间的延长，企业生存率呈下降趋势并最终趋于稳定，其出口企业的生存率曲线比非出口企业更高，这与既有理论和分析相符。

图3.3.2描述了三类不同贸易出口方式企业的出口持续时间分布特征，且在生存曲线估计时纳入了克服样本偏倚性企业权重指标进行

考察，估计结果体现为如下几个基本事实：混合加工贸易企业的生存曲线最高，表明混合加工贸易企业的出口生存率相对最高，其次为纯粹加工贸易企业，而一般贸易企业的出口市场退出风险最大。上述估计结论表明：虽然加工贸易企业大多并非国内优质企业向海外市场的自然延伸，特别是张杰等（2010）指出中国市场分割现象普遍存在，受外生因素“扭曲性”出口影响的我国加工贸易企业大多国际竞争力十分薄弱，但由于加工贸易活动受到国家外贸和税收等相关政策扶持，受到国外合作厂商原材料及营销等方面帮助，从而大大降低了加工贸易企业的经营成本，因而至少从出口存续时间来看，混合加工贸易和纯粹加工贸易企业的出口生存可能性更高，这也与戴等（Dai et al.）2015 年研究结论相符。在初步分析中国出口与非出口企业、不同贸易方式出口企业生存曲线后，接下来描绘与分析出口产品异质性分类下中国企业出口持续时间分布特征。

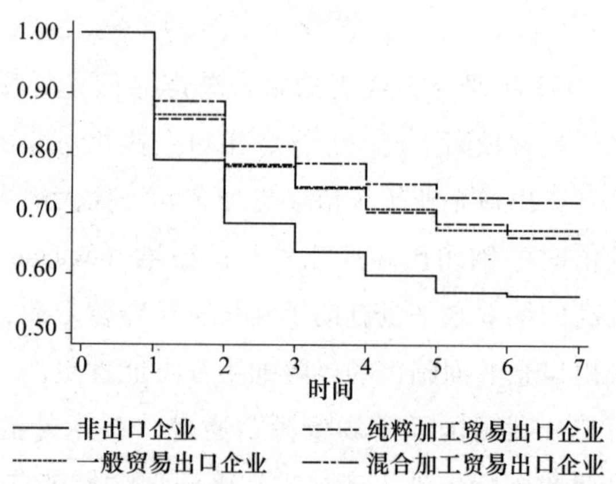

图 3.3.2　贸易方式分类下中国企业出口的生存曲线

（一）基于出口产品范围分类的中国企业出口生存曲线

一方面，根据企业出口产品范围差异将中国出口企业划分为单产品、多产品出口两类；另一方面，根据在企业出口产品出口分类下对多产品出口企业进一步细分——出口产品种类介于1—20的出口产品小范围组企业、介于21—45的出口产品中范围组企业以及大于45的出口产品大范围组企业。基于出口产品范围分类的中国企业出口的K-M生存率曲线估计如图3.3.3所示。分析可知：图中各曲线演变趋势具有一致性，表现为各生存率曲线均呈下降态势，且企业在刚进入出口市场的前2年生存曲线最为陡峭，表明此时企业退出出口市场风险最高，随后退出风险逐渐降低。其次，比较图3.3.3（1）单产品和多产品出口企业生存率曲线后发现，多产品企业出口生存概率均高于单产品出口企业，且随着时间推移二者差距愈发明显。最后，由图3.3.3（2）可知，出口产品中范围和大范围组企业的出口生存曲线更高，但后者截止于第6年，说明出口产品种类超过45时企业出口持续时间上限为6年，由此推测企业出口生存概率并不会随着出口产品范围扩展而无限提升，下文采用分析模型将进一步量化估计出口产品范围对企业出口持续期的影响。此外由数据描述性统计分析可知，中国企业出口第2年和第3年中退出出口市场的风险很大，本研究全样本中有约68.0%的多产品企业出口存续时间为2年及以上，但第3年过后有高达85.5%的多产品企业纷纷退出出口市场，对于单产品企业来说出口存续时间大于1年的企业占比54.2%，第2年、第3年

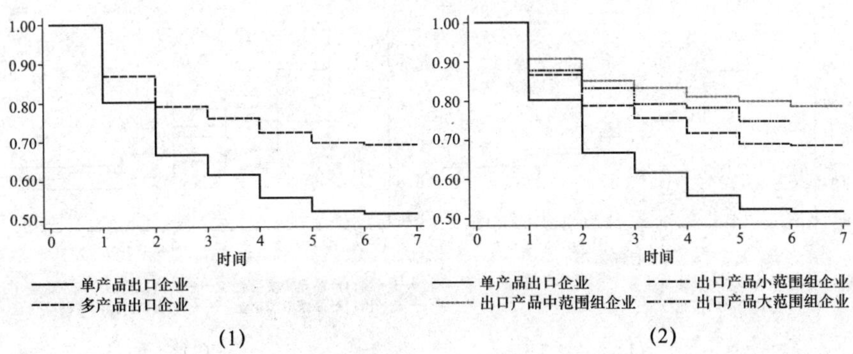

图3.3.3 出口产品范围分类下中国企业出口的生存曲线

过后这一比例分别降为31.6%、9.2%，说明企业出口前三年对于中国企业能否在出口市场上站稳脚跟十分关键。

（二）基于出口产品转换分类的中国企业出口生存曲线

接下来，本书从出口产品转换维度考察中国企业出口持续时间分布特征，出口产品转换分类与本章前文划分方法相同。

图3.3.4（1）生存曲线显示，我国企业在进入出口市场初期时，出口产品无变换企业相比变换产品组合的企业生存概率更高；但从第2年后，图中曲线走势符合前文理论模型结论，即出口产品转换企业更具生存优势，而且这种优势随着企业出口持续时间的延长而不断加大。图3.3.4（2）进一步细分出口产品转换活动的生存曲线表明，出口产品净减少企业出口的生存概率最低，甚至低于出口产品无转换企业组；新进入出口市场企业的出口产品净增加和同增同减活动都有助于促进自身市场存活，但这两类企业的生存曲线从第3年开始出现分化，出口产品同增同减行为对出口企业退出风险的降低幅度相对最大。然而，图中显示在企业出口的第6年和第7年中，出口产品净增加企业的生存曲线低于无转换企业，表明出口产品净增加对我国企业出口生存的影响方向并不确定，下文将采用生存分析模型对此进一步探究。

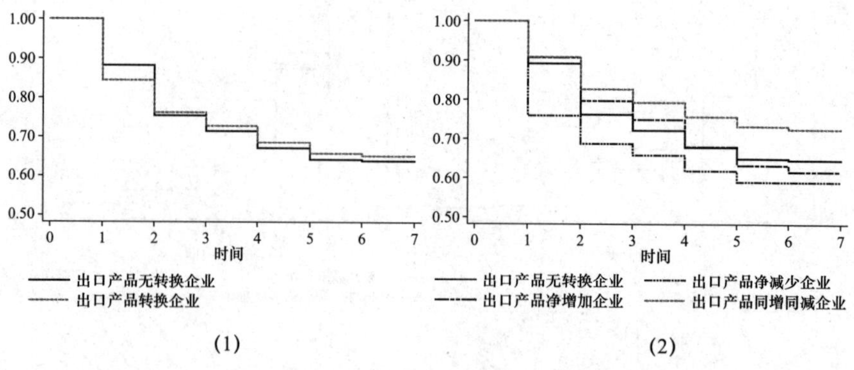

图3.3.4　出口产品转换分类下中国企业出口的生存曲线

（三）基于出口产品集中度分类的中国企业出口生存曲线

图 3. 3. 5 汇报了出口产品集中度分类下中国企业出口的生存曲线描绘结果。根据企业内出口核心产品即最畅销出口产品，出口额最大产品的贸易额占比，将多产品出口企业区分为出口产品集中度高于均值和低于均值企业组。将出口核心产品贸易占比从高到低排序，将多产品出口企业划分为出口产品高集中度企业（占比大于 75%）、出口产品较高集中度企业（占比小于或等于 75%，大于 50%）、出口产品较低集中度企业（占比小于或等于 50%，大于 25%）和出口产品低集中度企业（占比小于或等于 25%）四种类型。

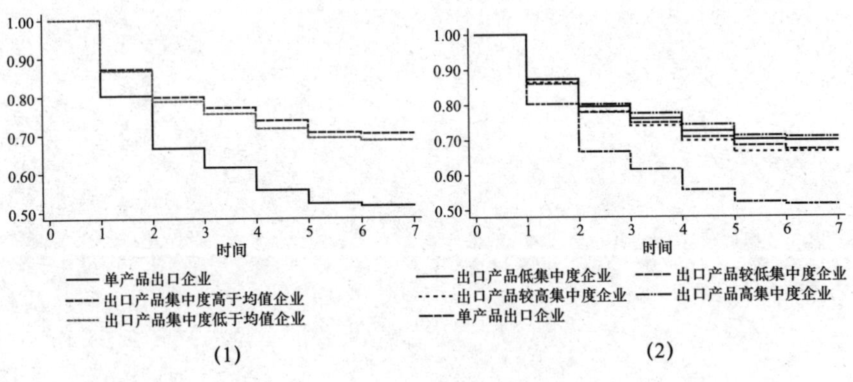

图 3. 3. 5　出口产品集中度分类下中国企业出口的生存曲线

分析图 3. 3. 5（1）发现：出口产品集中度高于均值企业出口的生存曲线相对更高，表明关注于自身核心产品出口的企业，在出口市场中具有更强的生存潜力和竞争优势；但图中显示，这种生存优势于第 2 年后开始凸显，表明中国企业在踏入出口市场初期，国际化经营状况并不稳定，出口企业可能在短时期内难以培育在全球范围内具有核心竞争力的产品。进一步分析图 3. 3. 5（2）可获知更为细化的出口产品集中度分类下企业出口持续时间分布特征：出口产品高集中度企业的出口生存曲线相对最高，其次为低集中度企业组，而出口产品较高集中度企业的生存曲线在多产品企业中相对最低，反映了出口产品集中度与中国企业出口存续时间之间或许存在非线性作用关系。

此外，本书采用对数秩检验（Log-rank test）和威尔克森检验（Wilcoxon test）对上述 K-M 曲线描绘的企业出口生存曲线进行了检验。通过检验后发现，不同分组下生存率曲线估计 p 值均小于 0.001，体现了 K-M 曲线描绘的准确性和结论的可靠性。

第四章　出口产品异质性对中国企业出口持续期影响的实证研究

本章旨在揭示出口产品异质性对企业出口持续期影响的影响效果。具体来说，从出口产品异质性视角出发，量化估计出口产品范围、出口产品集中度和出口产品转换对中国企业出口持续期的作用效果。本章是基于企业出口样本总体的检验，而第五章将区分企业出口贸易方式对本书研究问题进行深入挖掘。因而本章不仅是前文讨论的经验证据，也为后文进一步分析奠定了基础。

第一节　研究设计与研究方法

一　倾向得分匹配模型及其构建

为了采用计量模型探究出口异质性对中国企业出口持续期的作用效果，需要注意两个问题。第一，样本选择性偏误问题：许多影响出口产品异质性的因素，也影响企业出口持续时间，如果不剔除这些因素的影响，就无从获知企业出口持续期的变化和差异是否由出口异质产品所带来。第二，内生性问题：企业出口产品异质性不仅影响自身出口生存概率，企业出口持续时间也可能影响自身出口产品异质性，即二者存在潜在的“反向因果关系”。为了规避上述问题，在选取生存分析模型进行实证研究之前，作者采用由罗森鲍姆和罗宾（Rosenbaum & Rubin）1983 年提出并发展起来的倾向得分匹配方法（Propensity Score Matching，PSM）对样本进行处理。

（一）PSM 模型应用的阐述

该方法的核心思想是：通过设置二元哑变量（处理变量）将企业样本划分为实验组（某一行为发生，取值为1）和对照组（某一行为不发生，取值为0），所考察的行为作用结果为结果变量；同时控制一系列匹配变量，选取实验组和对照组样本在这些匹配变量测算而得倾向得分值（Propensity Score，PS）上具有十分相似特征的企业集合。PSM 方法要求满足非混淆条件，意味着处理变量与结果变量互相独立，则基于实验组和对照组匹配上的企业，若结果变量存在不同便的确是由处理变量行为的发生与否带来。因而本研究计划是首先采用 PSM 方法寻找除关键行为变量（出口产品异质性）以外基本特征十分相似的两类企业，然后利用这些相仿企业样本构建生存分析模型进行研究，便可量化估计企业出口产品异质性对企业出口持续期的真实作用效果。

具体地根据研究目标，设置结果变量为前文所述的企业出口持续时间 T。首先，选取匹配变量并构建离散选择模型即 Logit 或 Probit 模型估计处理变量发生的概率，并得到通过匹配变量测算而成的 PS 值，笔者选取前者进行估计：

$$p(X_i) = \Pr(Ex_i = 1 \mid X_i) = \frac{\exp(\beta X_i)}{1 + \exp(\beta X_i)} \qquad (4.1.1)$$

其中，X_i代表影响处理变量的匹配变量。具体到匹配方法，本研究以 PS 值为基础、采用最近邻匹配方法（Nearest Neighbor Matching）挑选具有相似特征的实验组和对照组企业，以 PS 值最接近为标准，在对照组中寻找唯一一个与实验组企业相匹配的对象。如果令 PS_i、PS_j分别代表实验组和对照组倾向得分，且定义 $C(i)$ 为与实验组企业相匹配对应的对照组企业集合，那么最近邻匹配法的匹配原则可表示为：

$$C(i) = \min_j \| PS_i - PS_j \| \qquad (4.1.2)$$

（二）匹配变量的选取

本研究匹配变量包括：企业毛利率（*Profit*），度量方法为1减去产品成本比产品收入的差值；企业规模（*Scale*）和全要素生产率（*TFP*）水平；衡量企业融资能力，根据融资顺序理论，选取企业融资方式首选的内源融资（*Finance*）作为匹配变量之一；设置二元虚拟变量衡量企业所有制，考察企业是否为国有企业（*State*）和外资企业（*Foreign*），是则取值为1，否则为0；同时控制企业所处地区、所在行业的固定效应；以上变量的度量方法详见下文变量设置部分。

当考察出口产品范围对企业出口持续期的影响时，处理变量设置为衡量企业是否为多产品出口企业的虚拟变量 *Multiple*，该变量取值为1、0时分别代表企业在 t 时期为多产品出口企业（实验组）和单产品出口企业（对照组）。当考察出口产品转换对企业出口持续期的影响时，设置处理变量为 *Change*，取值为1时代表企业相比上一年变换了出口产品种类（实验组），否则取值为0（对照组）。当考察出口产品集中度对企业持续时间的影响时，依据第四章中出口产品集中度测算及分类方法设置二元虚拟变量 *Level_ H*，并将企业样本集中于多产品出口企业，如果企业的出口产品集中度高于75%分位即为出口产品高集中度企业则取值为1（实验组），否则为0（对照组）。进而挑选得到“相似企业”，而后基于这些经过倾向得分匹配方法匹配上的“相似企业”样本，采用生存分析模型进行量化估计。数据样本为前一章详述的中国工业企业数据库和中国海关进出口数据库对应和处理后的综合数据库，且剔除了只出口1年便不再出口的企业样本。

（三）匹配结果的检验

为了检验倾向得分匹配方法的匹配效果，本书借鉴戴和成（Dai & Cheng）等2015年的研究方法，即通过对比匹配前、匹配后实验组和对照组企业倾向得分的密度函数，来分别检验以衡量出口产品范围、出口产品转换和出口产品集中度不同变量作为处理变量时，PSM模型的匹配效果，描绘结果如附录A所示。通过比较分析可知：无论处理变量如何变化，匹配前具有较大差异的实验组和对照组密度函数曲线，在匹配后均更为接近和相似，表明匹配效果良好。此外借鉴陈飞和翟伟娟（2015）的分析，观察实验组和对照组密度函数的重叠区间（共同支撑域）可知，整体上看样本损失比例较少。因而从共同支撑域假设和平衡性假设两方面来看，本研究 PSM 匹配效果满足假设要求，匹配效果较为良好。

二 生存分析模型及其构建

在采用倾向得分匹配方法对样本进行匹配从而规避样本选择性偏误和内生性问题后，构建生存分析模型深入挖掘出口异质性对中国企业出口持续期的影响效果。生存分析是主要针对生存现象、响应时间数据及其统计规律进行研究的一门学科。生存分析模型最早起源于医学领域对疾病治疗、死亡等持续期影响因素相关方面的研究，后逐渐应用于经济学、社会学、工程学等其他领域，解决的关键问题主要在于因研究样本中资料数据观察不完全带来的估计偏误问题。由前文第一章对贸易持续期相关研究和估计方法的阐述可知，国内外研究中普遍采用生存分析模型探究贸易持续期问题，通过生存分析模型如若得到企业生存概率较高的结论，则表明企业退出风险较低、贸易持续期较长。因而本书借鉴叶宁华等（2015），采用生存分析模型研究中国企业的出口持续期问题。如前文所述，通过利用生存分析模型还可处理数据样本的右删失问题，且采用生存分析模型能够测量和控制其他影响企业生存的因素、企业存活概率估计相比 K-M 生存曲线的估计更加准确。具体地，选取何种生存分析模型考察企业出口持续表现、估计出口产品异质性对企业出口持续期的影响？目前国内外学者广泛使用的是 Cox 风险模型，但是本研究数据是从月度汇总的年度数据，罗德里格斯（Rodríguez）2008 年指出离散时间 Cloglog（Complementary Log-log）分析模型更适合处理这类生存数据库。与传统 Cox 模型相比，离散时间模型对研究贸易关系的持续时间是一个更恰当的选择，陈勇兵和李燕（2012）指出它可以避免 Cox 模型在处理该问题时的一些缺陷。而且，离散时间 Cloglog 生存分析模型不存在需要考虑节点处理和满足“比例风险”假设条件等方面的问题，更具处理技术优势和操作的便利性。因而，本书最终采用 Cloglog 离散时间生存模型展开分析。

有关生存分析中离散时间模型的构建基础是估计离散时间危险率。如果以 T_i 代表企业存活于出口市场的出口持续时间即出口持续期（非负随机变量）。现在假设在样本估计期 $[t_m, t_{m+1})$ 内（$m=1, 2, \cdots, m^{\max}$）内，企业于某一时间活动中止即退出市场，设置发生这一事件的概率即离散时间危险率（h_{im}）的基本表达形式为：

$$h_{im} = P(T_i < t_{m+1} \mid T_i \geqslant t_m, x_{im}) = F(x'_{im}\beta + \gamma_m) \quad (4.1.3)$$

其中，γ_m 代表基准风险函数且在不同时间区间内具有异质性。β 是本书关注的待估计回归系数；x_{im} 是影响企业出口持续时间的协变量集合。具体于本研究，对于任一企业和样本时间，都有 $F(\cdot)$ 分布函数的 h_{im} 取值介于 0 到 1 之间。在实证研究中，可二元因变量引入至离散时间危险模型进而展开估计，如果用 y_{im} 代表二元变量，其中若企业 i 于 m 年停止出口取值为 1，否则为 0，则有：

$$\ln L = \sum_{i=1}^{n} \sum_{m=1}^{m_i} [y_{im}\ln(h_{im}) + (1 - y_{im})\ln(1 - h_{im})] \quad (4.1.4)$$

在明确离散时间危险率的基础上，离散时间 Cloglog 生存分析模型的具体设定形式为：

$$\text{Cloglog}[1 - h_j(X \mid v)] = \alpha_0 + \alpha_1 Product_j + \alpha_2 X_j + \gamma_j + \varepsilon \quad (4.1.5)$$

上式中，$Product_j$ 代表衡量企业出口产品异质性特征的变量，也是本书关注的核心协变量，而 X_j 代表除产品活动以外的其他协变量和控制变量集合，企业异质产品出口活动及其他协变量的设置及度量详见下文；γ_j 衡量的是基准危险函数，误差项 ε 服从正态分布。

马光荣和李力行（2014）指出样本时间跨度不长可能导致生存概率有偏估计，因而作者借鉴陈勇兵等（2012）在研究中还采用了 Probit 和 Logit 模型展开经验研究，陈勇兵和李燕（2012）指出这两类模型也是离散时间模型，在二者情形下函数 h_{im} 分别服从正态分布、Logistic 分布形式，因而其研究结果可视为 Cloglog 模型估计的稳健性检验。无论哪种情形下，离散时间生存分析模型基本设定中都可以表达为如式（4.1.6）所示，其中企业在时刻 t 的危险率由 $h(t, X)$ 表示：

$$\ln[h(t,X)] \equiv \alpha' X + \gamma_j + \varepsilon \tag{4.1.6}$$

其中，X 代表影响企业市场存活的协变量和控制变量集合。

三 变量选取与度量

（一）衡量企业出口产品异质性特征的核心协变量

衡量出口产品范围。如前文所述，设置虚拟变量 *Multiple* 考察企业为多产品出口抑或单产品出口，前者情况下变量取值为 1，后者为 0。进一步，与前文分析保持一致，将多产品出口企业划分为出口产品小范围组、中范围组和大范围组企业，并分别设置二元虚拟变量 *Multiple_ S*、*Multiple_ M* 和 *Multiple_ L*，企业属于出口产品小、中或大范围组企业时，虚拟变量分别取值为 1，否则为 0。此外引入衡量企业出口产品个数的变量 *Scope*（取自然对数值处理）及其平方项 $Scope^2$，以期量化探究出口产品范围对企业出口持续期影响的非线性作用效果。

衡量出口产品转换。如前文所述设置 *Change* 虚拟变量衡量企业是否进行出口产品转换，是则取值为 1，否则为 0；将出口产品转换活动进一步细分为出口产品净增加、净减少和同增同减三类，分别设置 *Add*、*Drop* 和 *Churn* 三个二元虚拟变量加以衡量，取值为 1 时分别代表企业当期相比上一期，只增加了新产品、只剔除了旧产品和同时增加新产品剔除旧产品。

衡量出口产品集中度。挑选得到多产品企业，测算每个企业内部最畅销出口产品贸易额占同年企业总出口额占比（*Top_ d*），并按这一比值从高到低排序设置4个二元虚拟变量 *Level_ H*、*Level_ M*、*Level_ L* 和 *Level_ B*，分别考察企业是否为出口产品高集中度（占比大于75%）、较高集中度（占比小于或等于75%，大于50%）、较低集中度（占比小于或等于50%，大于25%）和低集中度（占比小于25%）企业，是则取值为1，否则为0，分类标准亦与第三章特征性事实的分析保持一致。

（二）衡量企业特征的其他协变量

企业规模（*Scale*）。规模增大促使企业通过规模效应获得经济效益和经营寿命的提高，然而过大的规模或许会给企业带来沟通效率低等方面的困扰，从而加大经营风险。因而，本书以员工人数自然对数值衡量的企业规模指标纳入生存分析模型，并引入其平方项（$Scale^2$），考察企业规模对企业出口市场存活的影响。

企业年龄（*Age*）。艾斯特夫 - 佩雷斯和马涅斯 - 卡斯蒂利亚（Esteve-Pérez & Mañez-Castillejo）2008 年研究指出企业年龄和生存寿命之间由于受到“新进入”效应、“青春期”效应和“衰老期”效应等多方面因素影响而呈现多样性，因而企业年龄和自身生存时间的非线性关系被较为广泛验证，例如伊万斯（Evans）1987 年、布鲁德尔和舒斯勒（Bruderl & Schussler）1990 年研究等，因而本书同时将衡量企业年龄的 *Age* 变量（以企业经营年数自然对数值测算）及其平方项 Age^2 引入计量模型。

企业创新能力（*Innovation*）。在不断变换的市场环境中，企业尤其是新进入企业可以通过创新策略利用创新溢出效应提高生存概率。然而布德尔迈尔等（Buddelmeyer et al.）2010 年研究指出，创新方式不同会对企业生存产生异质影响。因而本书引入二元虚拟变量（*Innovation*）衡量企业创新能力，当企业新产品产值大于零时取值为1，否则为0，来考察中国企业创新活动对自身市场存活的影响。

政治关联（*Politics*）。关于政府干预对企业的影响，既有研究主要总结为“扶持之手”和“掠夺之手”。企业政治关联性的提高究竟是通过融资便利性等渠道促进了自身市场存活，还是由于受限于管辖造成企业资源非最优化配置导致退出风险加大？为了考察这一问题，本书具体设置二元虚拟变量 *Politics*，取值为 1 代表企业隶属关系中央和省，否则为 0。

企业性质。设置两个二元虚拟变量 *Foreign* 和 *Private* 分别衡量企业是否为外资企业和私营企业，是则取值为 1，否则为 0，以考察在竞争激励的出口市场中我国哪类企业拥有更强的生存优势，进而为增强中国出口竞争力提供建议和参考。

补贴（*Subsidy*）。相比市场机制这只“看不见的手”，政府补贴往往被学界形容为“看得见的手”，亦是支持企业发展的“援助之手”，是发展中国家刺激经济发展的重要手段。伯纳德和詹森（Bernard & Jensen）2004 年以及肖尔莫斯和特罗菲缅科（Helmers & Trofimenko）2010 年研究提供了政府补贴正向促进企业出口扩张的微观证据，另一方面既有研究也给出了政府补贴对企业出口发展影响有限甚至并不显著的证据，例如吉尔玛等（Girma et al.）2009 年、邵敏和包群 2012 年以及施炳展等 2013 年研究。因而，本书引入 *Subsidy* 二元虚拟变量衡量企业是否受到政府补贴，是则取值为 1，否则为 0，进而考察政府补贴对我国企业出口存活的影响。

（三）企业全要素生产率

生产率是企业存活与发展的核心要素之一，在多产品异质性企业贸易模型和经典异质性企业贸易模型中，生产率都对企业进入、退出及国际化决策起到了十分关键的作用。因而，本书考察生产率及其与出口产品异质性的交互作用，对中国企业出口持续期的影响。关于全要素生产率的测算，学术界有多种方法，先前研究多数采用简单的索洛余值方法、随机前沿方法、数据包络分析方法等。但这些方法运用到微观层面时通常会不可避免地遇到两类问题：同时性偏差（Simultaneity Bias）和样本选择性偏差（Selectivity Bias），其中以生产决策的同时性偏差问题最为突出。这是由于在实际生产过程中，企业决策者可以观测到一部分企业效率，并能够根据社会供求冲击信息及时调整生产要素的投入组合。在这种情况下，随机扰动会影响企业要素投入的选择，即扰动项和解释变量具有相关性，从而使估计结果产生偏差。本书采用列文森和佩特林（Levinsohn & Petrin）2003 年研究提出的半参数估计方法进行企业全要素生产率的估计（简称 LP 方法）。LP 方法以中间品投入对数（$\ln m_t$）作为代理变量，来考察企业面临意外冲击时可能做出的生产调整，生产函数建立服从柯布—道格拉斯方程：

$$\ln va_{it} = \alpha \ln k_{it} + \beta l_{it} + \gamma \ln m_{it} + \omega_{it} + \varepsilon_{it} \tag{4.1.7}$$

上式中除中间品外的其他指标选取方面，本研究选择企业固定资产净值年平均余额对数、从业人员年平均数对数分别作为企业资产（$\ln k_t$）、劳动投入（$\ln l_t$）的代理变量。此外，选取工业增加值衡量企业产出即 $\ln va_t$。LP 方法中企业全要素生产率是关于中间品投入（$\ln m_t$）和资本存量（$\ln k_t$）的函数，因而有式（4.1.8）：

$$\omega_{it} = h_t(\ln k_{it}, \ln m_{it}) \tag{4.1.8}$$

除上述假设外，LP 方法假设生产率在一阶马尔科夫过程下变化，这一假设与 OP 生产率估计法相同，采用公式表达即为：

$$\omega_{it} = E[\omega_{it} \mid \omega_{it-1}] + \xi_{it} \tag{4.1.9}$$

其中，$t-1$ 期与 t 期之间的信息值用 ξ_t 衡量，且 ξ_t 与资产存量具有不相关性。采用 LP 方法根据以上估计式进行估计过后，便可得到测算全要素生产率的相关系数。

（四）控制企业外界环境特征的变量

中国幅员辽阔，且各地区间基础设施及经济发展水平具有较为明显的差异。而且不同行业企业在资源利用效率、创新能力等方面都存在异质性。因而在上述协变量基础上，在计量模型构建中作者还引入了企业所处地区（*Region*）、所属行业（*Industry*）的多元虚拟变量以期控制可能由地区和行业不同给企业出口存活带来的差异影响。地区分类基于省级行政区域层面的中国传统东、中、西部三大地区划分标准；行业分类根据 GB/T 标准二位码划分。

第二节　出口产品范围对中国企业出口持续期的影响

一　总体检验

在得到基于 PSM 模型的匹配成功样本后，现纳入权重指标量化估计出口产品范围对我国企业出口持续期的影响，结果汇总为表 4.2.1。从整体上看，三类计量模型下各变量的估计系数符号保持高度一致，且均通过了显著性水平检验，体现了估计结果的稳健性和所得结论的可靠性。具体地，此处以 Cloglog 模型估计结果为例进行深入剖析。由于本书生存分析模型因变量考察的是企业退出出口市场的风险，因而协变量估计结果为负表明有助于企业出口持续期的延续。

表 4.2.1 第（1）列 *Mutliple* 变量估计结果为 -0.516，第（2）列引入衡量企业特征的变量后 *Multiple* 结果为 -0.539，二者均在 1% 水平上显著。表明相比单产品出口企业，我国多产品出口企业面临的市场退出风险更低、出口持续期更长，体现了拓展出口产品范围对于企业出口持续期延续的积极影响，因此第二章理论模型命题 1 得以验证。多产品经营能够满足多元化且日益多变的消费者需求，分散企业出口的市场退出风险。近年来，多产品异质性企业贸易模型研究成为新新国际贸易理论的最新发展方向之一，本书在这一理论框架下探讨了中国企业异质产品出口动态及其对企业出口持续期的影响，实证研究结果证实了中国企业能够通过拓展出口产品范围促进自身出口存活和生存潜力的提高。而且，拓展出口产品范围对于企业出口市场存活的积极影响，也是陈蓉和许培源（2014）研究中出口“成本发现”

和“需求发现”效应的体现：出口新成本将促使本国出口企业清楚意识到自身在国际市场中的比较优势，激发国外消费者对本国出口企业出口产品的需求，从而提高企业的出口存活概率。此外从宏观层面来说，国家出口产品多样化程度的提高有助于破除“出口集中诅咒”、

表 4.2.1　出口产品范围对中国企业出口持续影响的实证研究

变量	Cloglog		Probit		Logit	
	(1)	(2)	(3)	(4)	(5)	(6)
Multiple	-0.516 *** (-15.59)	-0.539 *** (-16.11)	-0.248 *** (-15.18)	-0.260 *** (-15.59)	-0.532 *** (-15.51)	-0.557 *** (-16.00)
Scale	—	-0.716 *** (-8.08)	—	-0.347 *** (-7.83)	—	-0.742 *** (-8.05)
Scale^2	—	0.057 *** (6.71)	—	0.027 *** (6.50)	—	0.059 *** (6.68)
Age	—	2.092 *** (19.26)	—	0.974 *** (20.05)	—	2.150 *** (19.39)
Age^2	—	-1.041 *** (-18.12)	—	-0.490 *** (-18.52)	—	-1.072 *** (-18.20)
Innovation	—	-0.112 ** (-2.28)	—	-0.050 ** (-2.15)	—	-0.114 ** (-2.25)
Politics	—	0.370 *** (3.40)	—	0.183 *** (3.29)	—	0.385 *** (3.37)
Foreign	—	-0.146 *** (-4.13)	—	-0.075 *** (-4.39)	—	-0.153 *** (-4.17)
Private	—	-0.077 ** (-2.08)	—	-0.034 * (-1.89)	—	-0.078 ** (-2.04)
Subsidy	—	0.445 *** (14.48)	—	0.215 *** (14.19)	—	0.461 *** (14.45)
Region	控制	控制	控制	控制	控制	控制
Industry	控制	控制	控制	控制	控制	控制
观测值	57739	57739	57739	57739	57739	57739

注：***、**、* 分别表示估计系数在 1%、5% 和 10% 统计水平上显著；括号内为对应估计系数 *z* 统计值。下同。

充分发挥出口产品多样化对国家经济增长的促进效应，而本书研究则从微观层面证实和反映了出口产品范围拓展对企业出口持续期的积极作用。

除此以外，表 4. 2. 1 汇报了影响我国企业出口市场存活其他因素的估计结果。企业规模（*Scale*）和企业年龄（*Age*）与中国企业出口持续期均呈非线性关系：*Scale* 变量估计结果由负转正，表明适度的规模扩张会促进我国企业降低出口风险、延长出口持续时间，然而当企业规模过于庞大时产生的机构冗余、管理烦琐、行为僵化等经营问题，则大大加剧了我国企业的出口经营风险。*Age* 变量系数由正转负，表明企业在出口初期面临的退出风险会更大，这可能是由于企业缺乏生产和组织管理经验导致，但出口几年后由于经营实力和市场适应力的增强企业出口存活率会大大提高，体现了样本考察期间我国出口企业市场进入决策受到“新企业进入”效应的影响。此外企业创新（*Innovation*）有利于企业延续出口持续期：技术革新有利于企业降低生产成本，扩展销售市场，促进产品质量提升和结构升级，从而保持在同行业竞争者中的优势地位，然而本研究估计结果显示衡量企业创新能力的协变量估计系数显著性水平并不高。

Politics 变量估计系数显著为正，表明我国出口企业若为中央和省隶属，反而不利于其在竞争激烈的出口市场中存活下来，本书认为其中的原因需要进一步深入探究，即考察这一作用是否受到不同企业所有制性质的影响。估计结果还显示出，相比其他类型企业，我国出口企业中的外商和私营企业均拥有更低的市场退出风险和更强的出口生存能力：中国经济发展中外商投资扮演了十分重要的角色，外资企业推动区域经济发展的作用显著，从企业进入、退出出口市场的行为分析，我国外商企业出口存活率更高；我国私营企业数量众多，且在全球经济一体化步伐加深的背景下不断发展壮大，表 4. 2. 1 中 *Private* 变量估计结果便证实了样本考察期间我国私营出口企业表现出的较强出口生存优势。此外，*Subsidy* 变量估计系数显著为正，说明获得政府

补贴的我国出口企业反而面临更大的市场退出风险，本书认为其原因可能有以下两方面：一是出口市场竞争激烈，市场机制这只“看不见的手”对企业进入与退出的“优胜劣汰”过程影响更大，且获得补贴的企业容易产生懈怠心理，抑或依赖于补贴而大大弱化了竞争力提升的动机；二是既有研究指出我国地方官员的晋升标准越发重视辖区经济绩效，张杰和郑文平（2015）指出政府补贴容易变为政府官员通过与企业合谋实现个人寻租的目的，因而削弱了补贴对企业出口成本的弥补作用，从而不利于企业出口持续期的延长。

二　区分出口产品范围区间的分析

由前文分析可知，中国出口企业中的多产品出口经营者具有更长的出口持续期，进一步地细分出口产品范围类别，出口产品范围如何影响中国企业的出口持续时间？表4.2.2的估计结果对这一问题给予了回答。

表4.2.2　出口产品细分范围对中国企业出口持续期影响的实证研究

变量	Cloglog		Probit		Logit	
	(1)	(2)	(3)	(4)	(5)	(6)
Multiple_ L	-0.500*** (-15.06)	-0.524*** (-15.67)	-0.241*** (-14.69)	-0.254*** (-15.18)	-0.515*** (-14.99)	-0.543*** (-15.57)
Multiple_ M	-0.902*** (-10.11)	-0.945*** (-10.50)	-0.423*** (-10.46)	-0.442*** (-10.71)	-0.926*** (-10.16)	-0.973*** (-10.54)
Multiple_ H	-0.896*** (-3.97)	-0.939*** (-4.15)	-0.426*** (-4.23)	-0.464*** (-4.49)	-0.921*** (-4.01)	-0.973*** (-4.21)
Scale	—	-0.733*** (-8.26)	—	-0.356*** (-8.01)	—	-0.761*** (-8.22)
Scale^2	—	0.059*** (6.96)	—	0.028*** (6.75)	—	0.061*** (6.93)
Age	—	2.098*** (19.32)	—	0.977*** (20.09)	—	2.157*** (19.44)

续表

变量	Cloglog		Probit		Logit	
	(1)	(2)	(3)	(4)	(5)	(6)
Age^2	—	-1.042*** (-18.14)	—	-0.490*** (-18.50)	—	-1.073*** (-18.21)
Innovation	—	-0.110** (-2.25)	—	-0.050** (-2.13)	—	-0.113** (-2.23)
Politics	—	0.370*** (3.39)	—	0.183*** (3.29)	—	0.385*** (3.37)
Foreign	—	-0.140*** (-3.95)	—	-0.072*** (-4.20)	—	-0.146*** (-3.99)
Private	—	-0.081** (-2.18)	—	-0.036* (-1.99)	—	-0.082** (-2.14)
Subsidy	—	0.447*** (14.55)	—	0.216*** (14.27)	—	0.463*** (14.52)
Region	控制	控制	控制	控制	控制	控制
Industry	控制	控制	控制	控制	控制	控制
观测值	57739	57739	57739	57739	57739	57739

各变量估计结果均在不同水平上通过显著性检验，且不同计量模型估计结果符号保持一致，因而此处以Cloglog模型第（2）列囊括所有协变量的估计结果为例进行具体阐述：代表出口产品小范围组、中范围组和大范围组企业的变量估计结果分别为-0.524、-0.945、-0.939，表明相比单产品出口企业、出口产品中范围企业即出口产品种类介于20到45之间我国企业出口持续期最长，其次为出口产品大范围组企业。估计样本中我国出口产品小范围企业组占据了绝大多数，样本考察期间企业数量占比平均为93%。以上结果再次验证了出口产品范围是促进我国企业出口持续期延长的重要微观渠道，而且细化的实证估计结果表明出口20—45个产品种类的我国企业出口存活概率相对更高。其余协变量对企业出口持续期的影响与表4.2.1相同，此处不再赘述。

在探究得到出口产品范围对中国企业出口持续期影响的效果以后，本书进一步考察出口产品范围与企业出口持续时间之间潜在的非线性作用关系。因而将出口产品种类对数和其平方项引入计量模型，估计结果如表4.2.3所示。表4.2.3汇报结果显示，*Scope*和$Scope^2$估计系数分别显著为负、为正，表明随着出口产品范围的拓展，其对我国企业出口持续期的影响呈现先促进、后阻碍的倒U型效果，即在某一阈值以前出口产品范围拓展将有助于我国企业提高出口生存概率，然而阈值以后出口产品范围的进一步拓展反而会加剧出口企业的市场退出风险。具体来说，Cloglog模型第（2）列估计结果显示，*Scope*和$Scope^2$变量估计系数分别为-0.396、0.032。因而随着我国出口企业拓宽出口产品种类，企业可通过多产品生产降低不可预测销售冲击带来的经营风险，亦能满足日益多样化的市场和消费者需求，从而延续企业的出口存活寿命。然而，企业内部过多的出口产品会使企业陷入范围不经济的泥潭，本书实证研究证据是出口产品种类过多反而加剧我国企业出口市场的退出风险。因而，将出口产品范围维持在适度区间内对我国企业延续出口持续期至关重要。

表4.2.3　出口产品范围对中国企业出口持续期非线性影响的实证研究

变量	Cloglog		Probit		Logit	
	（1）	（2）	（3）	（4）	（5）	（6）
Scope	-0.374*** (-8.98)	-0.396*** (-9.47)	-0.179*** (-9.04)	-0.191*** (-9.46)	-0.385*** (-8.98)	-0.409*** (-9.46)
$Scope^2$	0.032** (2.31)	0.032** (2.33)	0.016*** (2.56)	0.017*** (2.55)	0.033** (2.35)	0.034** (2.36)
Scale	—	-0.747*** (-8.41)	—	-0.364*** (-8.17)	—	-0.775*** (-8.36)
$Scale^2$	—	0.061*** (7.23)	—	0.030*** (7.03)	—	0.064*** (7.20)
Age	—	2.110*** (19.43)	—	0.983*** (20.21)	—	2.170*** (19.55)

续表

变量	Cloglog		Probit		Logit	
	(1)	(2)	(3)	(4)	(5)	(6)
Age^2	—	-1.039*** (-18.09)	—	-0.490*** (-18.48)	—	-1.071*** (-18.17)
Innovation	—	-0.103** (-2.10)	—	-0.047** (-1.99)	—	-0.105** (-2.08)
Politics	—	0.359*** (3.30)	—	0.177*** (3.17)	—	0.373*** (3.27)
Foreign	—	-0.127*** (-3.57)	—	-0.065*** (-3.81)	—	-0.133*** (-3.61)
Private	—	-0.093** (-2.53)	—	-0.041** (-2.29)	—	-0.095** (-2.49)
Subsidy	—	0.460*** (14.96)	—	0.223*** (14.69)	—	0.477*** (14.93)
Region	控制	控制	控制	控制	控制	控制
Industry	控制	控制	控制	控制	控制	控制
观测值	57739	57739	57739	57739	57739	57739

三 考察生产率与出口产品范围交互作用的分析

一方面，作为新新贸易理论异质性企业贸易模型的核心要素——生产率，对微观企业进入、退出及国际化决策的关键作用已被广泛探讨。该理论以梅里兹2003年单产品假设异质性企业贸易模型为核心，刻画了高生产率企业“自主选择”进入国际市场、生产率水平居中的企业从事内销、最低生产率企业（低于国内门槛值）企业被市场淘汰而倒闭的过程。此外，生产率被视为企业绩效的核心要素：企业较高的生产率水平往往意味着更强大的抗击市场风险能力。因而在计量模型构建中，本书引入企业全要素生产率水平，对生产率如何影响中国企业的出口市场生存加以考察。另一方面，随着近年来新新贸易理论最新发展动向之一、多产品异质性企业贸易模型的形成与发展，生产率亦被视为影响企业内部异质产品决策的重要因素：迈尔等

2014 年研究指出企业将增加高生产率产品生产、剔除低生产率产品，阿克拉基斯和穆德勒 2010 年研究认为高生产率企业往往产品范围更广。因而本书不但量化考察出口产品异质性对企业出口存活的影响，还将生产率及其与衡量出口产品异质性变量的交互项纳入计量模型之中加以考察，考察二者对企业出口持续期的交互影响。

基于出口产品范围的估计结果汇总为表 4.2.4。由于其他协变量估计结果符号与前文保持一致，此处着重分析生产率及其与产品出口范围交互项的估计结果。如表 4.2.4 中第（1）、（3）和（5）列所示，我国出口企业生产率水平越高，企业退出风险越小，这一结论符合既有异质性企业贸易模型结论。对于生产率与出口产品范围交互项，估计结果如表 4.2.4 第（2）、（4）和（6）列所示：生产率与衡量是否为多产品企业的交互项（*Multiple* × *TFP*）估计结果显著为负，与（1 − *Multiple*）的交互项估计系数为正但并不显著。这表明对于我国多产品出口企业来说，能够通过提高生产率水平促进自身出口持续期的延续；但估计结果并未证实生产率对单产品出口企业出口存活的显著影响。以上结论为我国微观企业国际化战略制定和国家宏观政策导向提供了决策参考。

表 4.2.4　出口产品范围和生产率交互作用对中国企业出口持续期影响的实证研究

变量	Cloglog		Probit		Logit	
	(1)	(2)	(3)	(4)	(5)	(6)
TFP	−0.067*** (−4.00)	—	−0.030*** (−3.77)	—	−0.068*** (−3.97)	—
Multiple × *TFP*	—	−0.086*** (−5.14)	—	−0.039*** (−4.89)	—	−0.088*** (−5.10)
(1 − *Multiple*) × *TFP*	—	−0.006 (−0.33)	—	−0.001 (−0.02)	—	−0.005 (−0.28)
Scale	−0.715*** (−8.05)	−0.760*** (−8.55)	−0.343*** (−7.74)	−0.366*** (8.25)	−0.739*** (−8.00)	−0.788*** (−8.51)

续表

变量	Cloglog		Probit		Logit	
	(1)	(2)	(3)	(4)	(5)	(6)
Scale^2	0.058*** (6.74)	0.064*** (7.44)	0.027*** (6.47)	0.031*** (7.18)	0.059*** (6.70)	0.066*** (7.40)
Age	2.056*** (18.95)	2.095*** (19.29)	0.956*** (19.76)	0.976*** (20.08)	2.111*** (19.70)	2.154*** (19.42)
Age^2	-1.031*** (-17.94)	-1.037*** (-18.04)	-0.484*** (-18.34)	-0.489*** (-18.45)	-1.060*** (-18.02)	-1.068*** (-18.12)
Innovation	-0.115** (-2.35)	-0.103** (-2.10)	-0.052** (-2.24)	-0.045* (-1.93)	-0.118** (-2.34)	-0.105** (-2.07)
Politics	0.380*** (3.48)	0.377*** (3.46)	0.188*** (3.39)	0.186*** (3.35)	0.396*** (3.47)	0.393*** (3.43)
Foreign	-0.167*** (-4.69)	-0.138*** (-3.88)	-0.083*** (-4.91)	-0.071*** (-4.16)	-0.173*** (-4.73)	-0.144*** (-3.93)
Private	-0.069* (-1.87)	-0.079** (-2.14)	-0.033* (-1.83)	-0.035* (-1.96)	-0.071* (-1.87)	-0.080** (-2.10)
Subsidy	0.426*** (13.87)	0.441*** (14.36)	0.206*** (13.64)	0.214*** (14.10)	0.441*** (13.85)	0.457*** (14.33)
Region	控制	控制	控制	控制	控制	控制
Industry	控制	控制	控制	控制	控制	控制
观测值	57739	57739	57739	57739	57739	57739

第三节　出口产品转换对中国企业出口持续期的影响

一　总体检验

在生命周期的不同阶段，企业通常根据阶段发展需求调整经营战略，同时受到市场中异质冲击等风险的影响，企业内部会不断调整产品资源束组合，以期维持竞争和生存优势。另一方面，长期来看由于市场中超额利润的存在，新进入者会逐渐增多，在位企业为了维持竞争优势不被市场淘汰，将努力革新技术、生产与经营新的产品，这类产品往往更具竞争力，更有消费市场抑或生产率更高。而且由于一定时期内产品资源既定，因而企业会选择剔除一些技术相对落后或没有市场前景的产品。在多产品异质性企业贸易模型研究框架下，既有研究便给出了企业增加高生产率、高产品属性产品，并剔除低生产率、低产品属性产品的理论分析证据，例如伯纳德等 2010 年和 2011 年、迈尔等 2014 年的研究等。而且增加新产品、剔除旧产品这一产品转换的过程，实现了资源在企业内部产品之间的优化配置，这密切关系到企业寿命的延续。在出口市场中，出口产品转换的资源重置过程如何影响企业的出口持续期延续？

这一部分将采用离散时间生存分析模型给出来自我国的经验分析证据，也是对本书第二章理论命题 2 的检验。估计结果详见表 4.3.1，表中 *Change* 变量在各估计模型中均显著为负，这验证了命题 2 即出口产品种类固定不变的企业，我国转换出口产品种类和组合的企业失败风险更低、出口持续期更长。企业变换出口产品种类，剔除低生产率、被市场淘汰的产品，增加高生产率、高生产率产品并引进满足消费者多元化需求的产品，从而使得自身的生产经营更加灵活以规避市场退出风险，企业资源从剔除产品向增加的新产品上汇聚，实现企业内异质产品间的资源再配置效应，从而促进我国企业出口竞争力的提高和出口持续时间的延续。这不仅为企业的出口存活、国际化产品决策提供新思路，也有助于为稳定我国出口贸易发展提供重要的决策参考依据，而这一企业内部产品层面“资源再配置”效应对企业国际化生存的积极影响恰恰是被以往国际贸易学者所忽视的。

表 4.3.1　出口产品转换对中国企业出口持续期影响的实证研究

变量	Cloglog		Probit		Logit	
	(1)	(2)	(3)	(4)	(5)	(6)
Change	−0.478*** (−10.24)	−0.442*** (−9.41)	−0.229*** (−9.96)	−0.214*** (−9.16)	−0.492*** (−10.19)	−0.457*** (−9.35)

续表

变量	Cloglog		Probit		Logit	
	(1)	(2)	(3)	(4)	(5)	(6)
Scale	—	-0.689*** (-6.07)	—	-0.331*** (-5.94)	—	-0.712*** (-6.05)
Scale^2	—	0.051*** (4.69)	—	0.024*** (4.62)	—	0.052*** (4.69)
Age	—	2.158*** (14.87)	—	0.987*** (15.49)	—	2.209*** (14.94)
Age^2	—	-1.096*** (-14.47)	—	-0.505*** (-14.74)	—	-1.123*** (-14.50)
Innovation	—	-0.055 (-0.84)	—	-0.026 (-0.85)	—	-0.057 (-0.85)
Politics	—	0.469*** (3.44)	—	0.225*** (3.21)	—	0.484*** (3.39)
Foreign	—	-0.216*** (-4.77)	—	-0.103*** (-4.78)	—	-0.223*** (-4.77)
Private	—	-0.086* (-1.77)	—	-0.041* (-1.76)	—	-0.089* (-1.78)
Subsidy	—	0.398*** (9.90)	—	0.190*** (9.69)	—	0.411*** (9.87)
Region	控制	控制	控制	控制	控制	控制
Industry	控制	控制	控制	控制	控制	控制
观测值	59147	59147	59147	59147	59147	59147

此外，与前文实证估计结果不同的是，*Innovation* 变量估计系数并不具有统计意义上的显著性，本书认为至少有以下三个方面的原因能够解释这一现象：第一，技术创新可视为企业乃至国家提升竞争力的原动力，但肖文和林高榜（2014）研究指出研发活动具有一定外部性和时滞效应。第二，邓可斌和丁重（2010）指出我国企业特别是处于垄断地位的大企业往往缺乏创新动力，表现出来的更多是技术效率方面的改进，难以实现真正意义上的创造性破坏和技术创新。第三，丁重和张耀辉（2009）研究认为垄断厂商容易获得制度和政策

上倾斜的状况，也限制了非垄断企业的创新动力，从而形成中国特色的“低技术锁定”现象。这些都影响了企业创新对自身出口存活影响机制的发挥。

二　区分出口产品转换类别的分析

虽然上述分析验证了出口产品转换对我国企业出口存活的促进作用，但更为值得关注的是，究竟何种产品转换活动对我国企业的出口持续期延续贡献最为突出。因而，本书将衡量企业出口产品净增加（*Add*）、净减少（*Drop*）以及同增同减（*Churn*）的出口产品行为变量纳入计量模型，样本基准组为出口产品无转换企业样本集合，估计结果汇总为表 4.3.2。三类模型的各变量估计系数符号保持高度一致，同样针对 Cloglog 模型结果进行具体阐述。

一方面，表 4.3.2 中模型（2）的 *Add* 和 *Churn* 变量估计结果分别为 -1.014 和 -0.348，且均于 1% 水平上通过显著性检验，表明相比出口产品无转换企业，企业净增加新的出口产品以及同增同减的出口产品行为，都有助于中国企业延长出口持续期，充分体现了“资源再配置效应”在我国出口企业内部异质产品层面的存在。这意味着产品重组和企业内资源重置对于我国企业的出口市场存活至关重要。

另一方面，*Drop* 变量估计结果显著为正（0.263），说明相比出口产品无转换企业来说，中国出口企业仅仅剔除既有的出口产品种类反而会加剧自身的出口市场退出风险。卡多等（Cadot et al.）2011 年研究指出在经济发展过程中，国家出口产品特征将从出口产品多样化向出口产品专业化转变，然而表 4.3.2 估计结果则从微观企业层面反映出，我国企业仍有较大的出口产品种类上升空间，只剔除既有出口产品的中国企业将会面临较大的市场退出风险。

表 4. 3. 2　　出口产品转换细分活动对中国企业出口持续期影响的实证研究

变量	Cloglog		Probit		Logit	
	(1)	(2)	(3)	(4)	(5)	(6)
Add	-1. 054 *** (-17. 58)	-1. 014 *** (-16. 64)	-0. 481 *** (-17. 44)	-0. 466 *** (-16. 42)	-1. 078 *** (-17. 54)	-1. 040 *** (-16. 60)
Drop	0. 255 *** (4. 36)	0. 263 *** (4. 49)	0. 132 *** (4. 37)	0. 138 *** (4. 52)	0. 266 *** (4. 36)	0. 277 *** (4. 50)
Churn	-0. 362 *** (-6. 89)	-0. 348 *** (-6. 57)	-0. 173 *** (-6. 74)	-0. 169 *** (-6. 45)	-0. 373 *** (-6. 86)	-0. 360 *** (-6. 54)
Scale	—	-0. 680 *** (-6. 01)	—	-0. 334 *** (-5. 95)	—	-0. 711 *** (-6. 02)
$Scale^2$	—	0. 050 *** (4. 60)	—	0. 025 *** (4. 62)	—	0. 052 *** (4. 63)
Age	—	1. 848 *** (12. 61)	—	0. 871 *** (13. 34)	—	1. 903 *** (12. 72)
Age^2	—	-1. 027 *** (-13. 55)	—	-0. 485 *** (-13. 94)	—	-1. 058 *** (-13. 61)
Innovation	—	-0. 058 (-0. 89)	—	-0. 025 (-0. 81)	—	-0. 060 (-0. 89)
Politics	—	0. 490 *** (3. 58)	—	0. 235 *** (3. 30)	—	0. 510 *** (3. 54)
Foreign	—	-0. 248 *** (-5. 46)	—	-0. 116 *** (-5. 32)	—	-0. 256 *** (-5. 44)
Private	—	-0. 019 (-0. 39)	—	-0. 012 (-0. 53)	—	-0. 020 (-0. 41)
Subsidy	—	0. 382 *** (9. 49)	—	0. 185 *** (9. 31)	—	0. 397 *** (9. 48)
Region	控制	控制	控制	控制	控制	控制
Industry	控制	控制	控制	控制	控制	控制
观测值	59147	59147	59147	59147	59147	59147

三　考察生产率与出口产品转换交互作用的分析

伯纳德等 2011 年和迈尔等 2014 年研究指出，当市场受到随机性冲击或者由市场规模扩大带来日趋激烈的市场竞争时，企业会将资源从内部边缘的低能力、低生产率产品，向核心的高能力、高生产率产品上集中，看似“平静”的企业内部频繁发生着产品进入与退出的动态转换活动，从而拉动企业自身整体生产率水平的提升，进而提高企业市场存活概率。这就意味着，进行转换产品种类的企业，不仅能够促进自身的市场存活，而且可以通过生产率提高显著延续企业寿命。

为了反映上述问题，本研究引入生产率与衡量出口产品转换的交互项，估计结果汇总为表 4.3.3。分析发现，*Change* × *TFP* 交互项的估计系数显著为负、而（1 – *Change*）× *TFP* 交互项估计系数并没有呈现统计水平上的显著性，说明对于变换出口产品种类的我国企业来说，生产率能够显著降低企业退出出口市场的风险、延续出口持续期，这一结论与预期相符。而对于产品种类不变的企业来说，生产率并没有显著影响企业的出口存活。因而，表 4.3.3 估计表明固化出口产品种类不仅使得我国企业缺乏内部“资源再配置效应”促进自身市场存活的微观渠道，而且出口产品组合无转换的企业难以通过生产率增长提高自身存活概率，这进一步体现了企业进行出口产品组合重组、调整内部产品结构的重要性。

表 4.3.3　　出口产品转换与生产率交互作用对中国企业出口持续期影响的实证研究

变量	Cloglog		Probit		Logit	
	(1)	(2)	(3)	(4)	(5)	(6)
TFP	-0.034 * (-1.71)	—	-0.016 * (-1.69)	—	-0.035 * (-1.71)	—
Change × *TFP*	—	-0.045 ** (-2.11)	—	-0.021 ** (-2.04)	—	-0.046 ** (-2.10)
(1 - *Change*) × *TFP*	—	0.019 (0.85)	—	0.010 (0.98)	—	0.020 (0.87)
Scale	-0.694 *** (-6.11)	-0.708 *** (-6.22)	-0.333 *** (-5.99)	-0.340 *** (-6.09)	-0.718 *** (-6.10)	-0.732 *** (-6.20)

续表

变量	Cloglog		Probit		Logit	
	(1)	(2)	(3)	(4)	(5)	(6)
Scale^2	0.052 *** (4.77)	0.054 *** (4.93)	0.025 *** (4.70)	0.026 *** (4.85)	0.054 *** (4.77)	0.056 *** (4.91)
Age	2.201 *** (15.19)	2.166 *** (14.93)	1.004 *** (15.81)	0.990 *** (15.55)	2.253 *** (15.26)	2.217 *** (15.00)
Age^2	-1.107 *** (-14.61)	-1.096 *** (-14.47)	-0.509 *** (-14.90)	-0.505 *** (-14.75)	-1.134 *** (-14.65)	-1.124 *** (-14.51)
Innovation	-0.069 (-1.06)	-0.050 (-0.77)	-0.032 (-1.03)	-0.024 (-0.78)	-0.071 (-1.07)	-0.052 (-0.78)
Politics	0.460 *** (3.37)	0.475 *** (3.48)	0.222 *** (3.18)	0.228 *** (3.25)	0.475 *** (3.33)	0.491 *** (3.43)
Foreign	-0.229 *** (-5.04)	-0.212 *** (-4.66)	-0.109 *** (-5.08)	-0.101 *** (-4.67)	-0.236 *** (-5.05)	-0.218 *** (-4.66)
Private	-0.109 ** (-2.25)	-0.088 * (-1.82)	-0.051 ** (-2.19)	-0.042 * (-1.80)	-0.112 ** (-2.24)	-0.091 * (-1.82)
Subsidy	0.389 *** (9.68)	0.397 *** (9.86)	0.185 *** (9.46)	0.190 *** (9.66)	0.401 *** (9.65)	0.410 *** (9.84)
Region	控制	控制	控制	控制	控制	控制
Industry	控制	控制	控制	控制	控制	控制
观测值	59147	59147	59147	59147	59147	59147

第四节　出口产品集中度对中国企业出口持续期的影响

一　总体检验

基于多产品企业样本并经过 PSM 模型匹配后的企业样本集合，现量化探究出口产品集中度对中国企业出口持续期的影响，结果汇总为表 4. 4. 1。首先，估计结果显示 *Level_ H* 变量在三类模型估计下结果均为负数且于 1% 水平上通过显著性检验，表明相比其他企业而言，我国出口产品高集中度企业（核心产品出口额占比超过 75%）

的出口存活概率最高、出口持续期最长。本书第二章数理模型刻画结论显示，从整个市场的视角来看，出口产品集中度对企业出口存活的影响方向具有不确定性，而表 4.4.1 的实证估计结果则意味着，样本考察期间我国多产品出口企业内部集中出口最具竞争力的产品，会降低自身市场经营风险，这一结论与前文数理模型及 K-M 分布函数结论

表 4.4.1　出口产品集中度对中国企业出口持续期影响的实证研究

变量	Cloglog		Probit		Logit	
	(1)	(2)	(3)	(4)	(5)	(6)
Level_ H	−0.196 *** (−3.59)	−0.193 *** (−3.52)	−0.087 *** (−3.43)	−0.083 *** (−3.20)	−0.196 *** (−3.49)	−0.189 *** (−3.35)
Scale	—	−0.370 ** (−2.20)	—	−0.158 * (−1.95)	—	−0.363 ** (−2.08)
$Scale^2$	—	0.027 * (1.75)	—	0.011 (1.49)	—	0.026 (1.61)
Age	—	1.965 *** (9.62)	—	0.915 *** (10.15)	—	2.024 *** (9.71)
Age^2	—	−1.013 *** (−9.39)	—	−0.474 *** (−9.72)	—	−1.044 *** (−9.46)
Innovation	—	−0.021 (−0.24)	—	−0.014 (−0.34)	—	−0.026 (−0.29)
Politics	—	0.346 * (1.91)	—	0.190 ** (2.05)	—	0.421 ** (2.21)
Foreign	—	−0.077 (−1.18)	—	−0.039 (−1.27)	—	−0.080 (−1.19)
Private	—	−0.015 (−0.21)	—	−0.009 (−0.27)	—	−0.016 (−0.22)
Subsidy	—	0.409 *** (7.17)	—	0.185 *** (6.77)	—	0.417 *** (7.08)
Region	控制	控制	控制	控制	控制	控制
Industry	控制	控制	控制	控制	控制	控制
观测值	20013	20013	20013	20013	20013	20013

注：此表中样本为多产品出口企业样本集合。

相符，也符合伯纳德等2011年以及迈尔等2014年在多产品异质性企业贸易模型中的描述，即自主选择产品经营范围的企业会倾向于生产集中内部最具核心竞争力的产品，将企业资源向最具竞争实力的核心产品上汇聚有助于企业存活于竞争日趋激烈的市场。

同时这也反映出，中国企业应同时注重集中培育在国际市场普遍具有国际竞争力、享有盛誉的核心出口产品，又保证适度拓展出口产品范围，由此能够促进我国企业在出口市场中经营的可持续性，提高企业出口存活概率。此外，除了衡量企业创新能力的 *Innovation* 变量，衡量企业是否属于外商（*Foreign*）和私营（*Private*）性质的变量估计系数也不具有统计意义上的显著性。表明在探讨出口产品集中度对企业出口持续期的影响时，企业创新能力和企业所属性质并不显著影响企业的出口市场存活。李小平和朱钟棣（2006）研究指出指标测度方法不同会对研究结论具有差异影响，这可能是影响估计结果的原因之一。

二　区分出口产品集中程度的分析

为了进一步探究不同出口产品集中程度对企业出口持续期的影响，此处考察出口产品高集中度（*Level_ H*）、较高集中度（*Level_ M*）、较低集中度（*Level_ L*）以及低集中度（*Level_ B*）企业的出口存活率差异。样本采用基于出口产品范围分析的PSM匹配样本，基准组为单产品出口企业，估计结果详见表4. 4. 2。结果显示，以单产品出口企业样本为基准组，衡量出口产品集中程度的四个虚拟变量估计系数均在1%水平上显著为负。而且，出口产品低集中度和高集中度企业的估计系数数值更大，以Cloglog第（2）列估计结果为例，*Level_ B* 和 *Level_ H* 变量估计系数分别为 -0. 595 和 -0. 627，表明相对而言，出口产品高集中度和低集中度企业面临的市场退出风险更低、出口持续期更长。

出口产品集中度，实质上反映了企业如何将资源在内部异质产品之间进行分配的问题。值得注意的是，这一分配比例并非一成不变，

表 4.4.2　出口产品细分集中度对中国企业出口持续期影响的实证研究

变量	Cloglog		Probit		Logit	
	(1)	(2)	(3)	(4)	(5)	(6)
Level_ B	-0.576*** (-12.26)	-0.595*** (-12.59)	-0.276*** (-12.41)	-0.283*** (-12.51)	-0.593*** (-12.28)	-0.613*** (-12.57)
Level_ L	-0.449*** (-10.24)	-0.465*** (-10.54)	-0.216*** (-10.15)	-0.225*** (-10.41)	-0.462*** (-10.22)	-0.481*** (-10.52)
Level_ M	-0.465*** (-10.62)	-0.490*** (-11.13)	-0.226*** (-10.67)	-0.241*** (-11.17)	-0.480*** (-10.63)	-0.508*** (-11.15)
Level_ H	-0.593*** (-12.68)	-0.627*** (-13.30)	-0.283*** (-12.62)	-0.302*** (-13.21)	-0.610*** (-12.66)	-0.648*** (-13.29)
Scale	—	-0.714*** (-8.07)	—	-0.346*** (-7.80)	—	-0.741*** (-8.03)
Scale^2	—	0.057*** (6.70)	—	0.027*** (6.48)	—	0.059*** (6.67)
Age	—	2.093*** (19.27)	—	0.975*** (20.05)	—	2.152*** (19.40)
Age^2	—	-1.042*** (-18.13)	—	-0.490*** (-18.51)	—	-1.073*** (-18.21)
Innovation	—	-0.111** (-2.26)	—	-0.050** (-2.16)	—	-0.114** (-2.24)
Politics	—	0.369*** (3.38)	—	0.182*** (3.26)	—	0.383*** (3.36)
Foreign	—	-0.145*** (-4.08)	—	-0.074*** (-4.33)	—	-0.151*** (-4.13)
Private	—	-0.080** (-2.18)	—	-0.036** (-1.98)	—	-0.082** (-2.14)
Subsidy	—	0.447*** (14.54)	—	0.216*** (14.26)	—	0.463*** (14.51)
Region	控制	控制	控制	控制	控制	控制
Industry	控制	控制	控制	控制	控制	控制
观测值	57739	57739	57739	57739	57739	57739

一个典型的表现是其受到企业进入市场年限的影响：叶宁华等（2014）认为对于新进入国际市场的企业，面临着国际市场的销售风

险、需求的不确定性及同业企业竞争等竞争压力，企业退出市场的风险很大，因而企业可能会通过在异质产品上分散出口贸易额来灵活应对国际市场经营风险，继而促进出口持续期的延续，此时企业将出口产品集中度保持较低水平有助于自身的市场存活。而对于在国际市场经营几年后的企业来说，国际竞争实力较强，国际化行为较为稳定，因而企业可能倾向于在这一阶段集中自身最具国际竞争力产品的出口从而获得利润最大化，此时企业保持较高的出口产品集中度水平有助于提高市场存活潜力。

为了探究这个问题，本书将企业样本按照出口国际化时间划分为三类，如表 4.4.3 所示，进而基于每类企业样本、量化估计前文所述的出口产品高集中度虚拟变量（*Level_ H*）、最畅销出口产品贸易额占比（*Top_ d*）对企业出口存活的影响。表 4.4.3 显示三类模型的估计结果表现出高度一致性：当企业出口国际化时间小于 2 年时，*Level_ H* 和 *Top_ d* 变量估计系数均为通过显著性水平检验，表明此阶段中出口产品集中度并不显著影响企业出口持续期，这一结论验证了上述分析。本书认为，这是受到了费尔南德斯和唐 2015 年提出的“试探性”（Test the Ground）策略的影响，其表现为由于企业新进入国际市场，对新市场缺乏了解、没有十足把握赢得竞争优势，因而企业会以较小的贸易额进入国际市场，此时企业出口产品集中度并不高，表现为表 4.4.3 中对于出口进入时间不超过 2 年的企业来说，出口产品集中度并不显著影响自身市场存活。然而随着对市场了解的加深和国际化经营的稳定，存活下来的企业则会倾向于将资源向内部最具核心竞争力的产品上集中。正如埃克尔和尼瑞 2010 年研究指出的那样，企业将资源向自身最具竞争能力的产品上汇聚，将会使产品分配变得更加“倾斜和集中”（Leaner and Meaner），因而企业内部出口产品集中度对企业出口市场存活的促进效应将会随着企业经营期限的延续越发凸显。这在表 4.4.3 中估计结果的表现是，当企业出口国际化时间超过 2 年，*Level_ H* 和 *Top_ d* 变量估计系数显著为负，此时出口产品集中度会显著降低我国企业的出口退出风险，促进企业出口持续期的延续。

表 4.4.3 出口产品集中度对不同时期中国企业出口持续期影响的实证研究

变量	Cloglog		Probit		Logit	
	(1) 0≤Age<2					
Level_ H	0.052 (0.27)	—	0.004 (0.05)	—	0.046 (0.23)	—
Top_ d	—	0.364 (0.69)	—	0.122 (0.55)	—	0.354 (0.66)
观测值	2714	2714	2714	2714	2714	2714
	(2) 2≤Age≤4					
Level_ H	-0.191 *** (-3.06)	—	-0.083 *** (-2.80)	—	-0.193 *** (-3.00)	—
Top_ d	—	-0.432 *** (-2.98)	—	-0.194 *** (-2.77)	—	-0.439 *** (-2.93)
观测值	13316	13316	13316	13316	13316	13316
	(3) 2<Age≤6					
Level_ H	-0.477 *** (-3.36)	—	-0.202 *** (-3.20)	—	-0.484 *** (-3.34)	—
Top_ d	—	-0.994 *** (-3.20)	—	-0.427 *** (-2.98)	—	-1.007 *** (-3.17)
观测值	3983	3983	3983	3983	3983	3983

三 考察生产率与出口产品集中度交互作用的分析

前文已验证了生产率与出口产品范围、出口产品转换对我国企业出口持续期的交互作用，此部分中引入生产率与衡量出口产品集中度的交互项，考察其对企业出口存活的影响。表 4.4.4 汇报了估计结果：变量 *Level_ H*、(1 - *Level_ H*) 与生产率 *TFP* 交互项的估计结果在三类模型中均为负数，且分别于 1% 和 5% 水平上通过显著性检验，表明生产率对于我国企业出口市场存活的正向促进效应，并不会因企业出口产品集中度的不同而消亡或转化。但交互项 *Level_ H* × *TFP* 的估计系数绝对值更高，因而对于出口产品高集中度企业，即核心产品出口贸易额占比超过75%的我国多产品企业来说，生产率对企业出口持续期的促进作用更大。其他协变量的估计系数符号与前文保持一致也符合研究预期，此处不再赘述。

表4.4.4 出口产品集中度与生产率交互作用对中国企业出口持续期影响的实证研究

变量	Cloglog		Probit		Logit	
	(1)	(2)	(3)	(4)	(5)	(6)
TFP	-0.087*** (-2.87)	—	-0.040*** (-2.82)	—	-0.086*** (2.74)	—
Level_ H × *TFP*	—	-0.098*** (-3.21)	—	-0.045*** (-3.15)	—	-0.098*** (-3.08)
(1 - *Level_ H*) × *TFP*	—	-0.068** (-2.24)	—	-0.033** (-2.27)	—	-0.069** (-2.17)
Scale	-0.422** (-2.50)	-0.399** (-2.36)	-0.184** (-2.26)	-0.174** (-2.14)	-0.417** (-2.38)	-0.396** (-2.26)
$Scale^2$	0.036** (2.27)	0.034** (2.11)	0.015** (2.02)	0.014* (1.89)	0.035** (2.12)	0.033** (1.99)
Age	1.979*** (9.69)	1.977*** (9.68)	0.923*** (10.24)	0.921*** (10.21)	2.040*** (9.79)	2.036*** (9.77)
Age^2	-1.007*** (-9.35)	-1.010*** (-9.37)	-0.473*** (-9.71)	-0.474*** (-9.71)	-1.040*** (-9.43)	-1.042*** (-9.44)
Innovation	-0.007 (-0.08)	-0.012 (-0.14)	-0.007 (-0.16)	-0.010 (-0.24)	-0.012 (-0.14)	-0.017 (-0.19)
Politics	0.360** (1.98)	0.373** (2.06)	0.206** (2.23)	0.201** (2.17)	0.441** (2.31)	0.438** (2.30)
Foreign	-0.069 (-1.06)	-0.062 (-0.95)	-0.035 (-1.15)	-0.032 (-1.04)	-0.072 (-1.07)	-0.065 (-0.97)
Private	-0.021 (-0.29)	-0.017 (-0.24)	-0.010 (-0.29)	-0.010 (-0.29)	-0.021 (-0.29)	-0.018 (-0.25)
Subsidy	0.403*** (7.06)	0.404*** (7.09)	0.182*** (6.64)	0.182*** (6.66)	0.410*** (6.97)	0.412*** (6.99)
Region	控制	控制	控制	控制	控制	控制
Industry	控制	控制	控制	控制	控制	控制
观测值	20013	20013	20013	20013	20013	20013

第五章　不同贸易方式下出口产品异质性对中国企业出口持续期影响的实证研究

中国出口贸易发展具有区别于发达国家的特殊性，典型的表现是加工贸易对出口贸易繁荣贡献卓著：从宏观层面海关总署资料显示，2014 年中国加工贸易、一般贸易进出口分别占同期中国进出口总值的 32.7%、53.8%；从微观层面企业分析，戴觅等（2014）研究发现 2000—2006 年间中国加工贸易企业（混合企业）数量平均占比为 17.5%（36.3%）、对出口贸易总额的贡献比例高达 25.0%（48.4%）。此外，高柏等 2010 年指出由于经济发展阶段不同，发展中国家企业所表现出的资源利用效率等特征与发达国家企业有较大差异，不同贸易方式企业的行为模式和绩效表现也不尽相同，例如，王和于 2012 年研究已指出，中国加工贸易与非加工贸易企业表现呈现出许多不同点。而且费尔南德斯和唐 2015 年研究发现，如果忽视这种差异便有可能产生有偏的估计甚至错误的结论。本书第二章数理模型和第三章特征性事实的分析中，也初步描绘揭示了中国加工贸易和非加工贸易企业在出口产品异质性和企业出口持续期方面的差异化表现。

因而结合中国国情，本章旨在区分企业出口贸易方式探究出口产品异质性如何影响中国企业出口持续期。具体地，根据前文分析，将出口企业划分为纯粹加工贸易企业、混合加工贸易企业和一般贸易企业三类，因此本章研究结论将更贴近中国经济实际，有助于为中国出口贸易发展和企业国际化战略提供决策参考。

第一节　不同贸易方式下中国出口企业绩效特征分析

以单产品假设的异质性企业贸易模型，刻画了国内高生产率企业“自主选择”进入出口市场的过程，因而出口企业生产率水平更高、可视为国内优质企业向海外市场的自然延伸。然而，来自发达国家理论和经验证据，缺乏对不同贸易方式企业行为模式的考察。具体到中国加工贸易发展状况来看，改革开放以来，国家为了鼓励加工贸易发展进而发挥其在推动我国对外贸易增长、促进 FDI 增长及缓解大批农业剩余人口失业问题等方面的积极作用，戴觅等（2014）研究指出，国家为从事加工贸易活动的企业提供不同程度的关税减免政策，从事加工贸易活动的企业在产品生产设计、营销及海外销售等方面生产成本普遍低于一般贸易企业。由此，国内不足以承担出口贸易成本、生产率低于出口门槛值的企业，亦能通过加工贸易方式进入国际市场，这导致的直接结果便是加工贸易企业生产率普遍偏低。例如，戴等（Dai et al.）2016 年采用中国 2000—2006 年企业数据发现，中国加工贸易出口企业生产率相比非出口企业而言还要低 4%—30%；王和于 2012 年以 2004 年中国对外贸易企业样本为例分析发现，在同时从事出口和进口的“双向”国际化企业中，纯粹加工贸易企业的全要素生产率、工业增加值和人均工资等多项企业绩效水平都低于一般贸易企业和混合贸易企业；曼诺娃和于（Manova & Yu）2013 年的研究指出中国加工贸易企业往往处于全球价值链低端；李春顶和尹祥硕（2009）及李春顶等（2010）研究指出加工贸易企业盛行、生产率水平较低，也是解释中国出口企业“生产率悖论”的重要原因。

因此，在区分贸易方式量化估计出口产品异质性对企业出口持续期的影响之前，本书首先对纯粹加工贸易企业、混合加工企业和一般贸易方式企业的生产率、利润率这两个企业核心绩效指标水平进行比较，以期初步把握和了解中国不同贸易方式出口企业的绩效表现差异。由于刘靖等（2009）认为相对于传统的概括性统计方法，核密度估计法是一个较好的替代，特别在描述经济福利改变和收入不平等方面有显著优越性。因而此处具体采用核密度估计方法进行分析。

有关企业核心绩效的选取和度量，本书采用企业生产率和利润率两个指标。一方面，经典微观经济理论指出企业以追求利润最大化为生产经营的最终目标，丰盈的利润不仅是企业蓬勃发展的源源动力，也是中国贸易强国建立的重要影响因素。另一方面，孙楚仁和沈玉良（2012）认为生产效率关乎企业经营成败，更对中国对外贸易发展的转型升级意义重大。因而本书选取核密度估计方法重点比较分析三类出口贸易企业在生产率和利润率上的差异。利润率相比利润总额更能反映出企业的获利水平，因而本书选择利润率衡量企业获利情况，具体以企业利润总额与总资产的比值进行测度；生产率测度借鉴海德和里斯（Head & Ries）2003 年估计方法，并以工业增加值、员工人数和固定总资产分别衡量企业产出、企业规模和企业资产。

图 5.1.1 描绘了贸易方式分类下中国出口企业生产率的核密度估计结果。从图中可以看出，第一，相比纯粹加工贸易企业组的生产率整体分布，一般贸易和混合加工贸易企业组的生产率整体分布明显右移，表明从总体上看，样本考察期间中国纯粹加工贸易企业的生产率水平相对最低，这一发现符合前文研究结论。第二，混合加工贸易和一般贸易出口企业的生产率分布峰值出现在生产率水平更高的区间上，就峰值高度分析，密度最大的是一般贸易企业，其次为混合加工贸易和纯粹加工贸易企业，说明相比而言，一般贸易企业组的生产率分布最为集中。第三，就一般贸易和混合加工贸易企业组的生产率整体分布比较来看，前者分布略微右移，表明总体上一般贸易企业生产率水平高于混合加工贸易企业。出口企业既从事一般贸易又以加工贸

易组织生产可能由以下两大原因驱动：一是作为由加工贸易向一般贸易转型的过渡方式，此时出口企业生产率并不足以完全满足从事一般贸易活动的生产率门槛值；二是在能够完全承担一般贸易活动成本的前提下，对贸易方式的灵活选择和调整。本书认为以上两个原因是图 5. 1. 1 中一般贸易企业生产率表现高于混合加工贸易企业但幅度不大的原因。

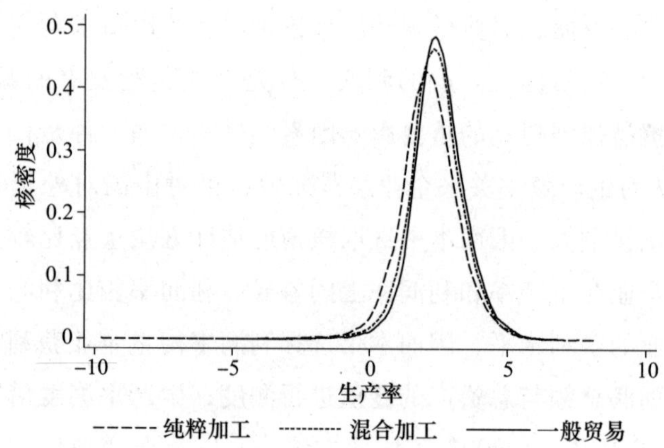

图 5. 1. 1　基于贸易方式分类的中国出口企业生产率分布

此外，由于利润率对企业生存和发展至关重要，且弗斯特等（Foster et al. ）2008 年认为利润率与生产率之间虽然正相关但并非一一对应。因而在剔除离群值基础上，本书继续对三类企业的利润率分布进行核密度估计，结果如图 5. 1. 2 所示。分析可知：首先，相比三类企业生产率总体分布来说，利润率的总体分布表现出更为明显的单峰特征，且利润率分布更为收敛。其次，与生产率分布类似，相比纯粹加工贸易企业组的利润率分布，一般贸易和混合加工贸易企业组的分布更为右移，体现了两者更高的利润率水平，这也符合本研究预期。最后，整体来看，一般贸易企业组的利润率核密度分布相比混合加工贸易企业更为右移，但在利润率水平较高区间二者分布较为接近。

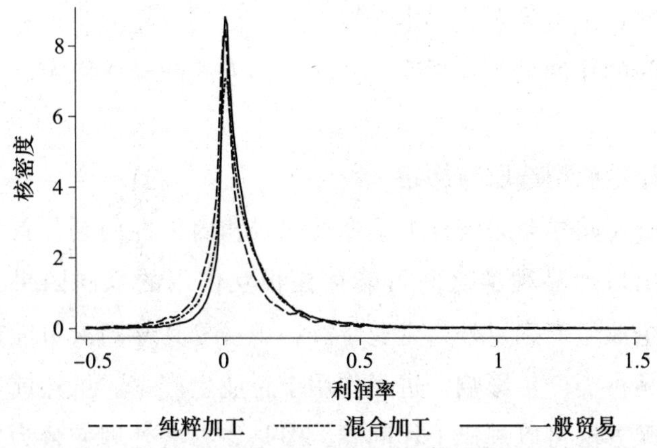

图 5.1.2　基于贸易方式分类的中国出口企业利润率分布

第二节　不同贸易方式下中国企业生产率对出口产品异质性的影响

前文分析已经指出贸易方式不同的我国出口企业生产率、利润率表现有所差异。此外，既有多产品异质性企业理论和实证研究中一个被关注的焦点问题是，企业生产率水平如何影响（出口）产品种类范围？既有研究大多给予了高生产率企业（出口）更多产品种类的证据，例如，伯纳德等 2010 年和 2011 年、阿克拉基斯和穆德勒 2010 年的研究。那么在不同贸易方式下，企业生产率对自身出口产品种类的影响是否存在差异？对于这一问题，既有相关研究缺乏来自中国微观企业的证据，更是缺少区分贸易方式所进行的讨论和分析。因而本书此处将采用计量经济模型，量化估计中国出口企业生产率对自身出口产品种类的影响。样本基础为前文所述的 2000—2006 年中国工业企业数据库和中国海关进出口数据库对应并处理后综合数据库，且剔除了纯粹加工贸易、一般贸易和混合加工贸易企业以外的数据样本。在此基础上，一方面保留下考察期内持续经营的出口企业集合即持续经营企业全样本，另一方面保留下持续经营的纯粹加工贸易企业即持续经营纯粹加工贸易企业样本，以探究中国出口企业生产率与出口产品种类之间的作用关系是否受到企业贸易方式的异质影响。

一 计量模型选取与构建

此处研究同样会遇到样本选择性偏误和内生性问题：首先，企业生产率与出口产品种类之间可能存在相互作用的双向因果关系；其次，除了企业生产率以外，企业年龄、规模等其他因素可能也会对自身出口产品种类产生影响，进而作用于企业生产率。虽然前文所述倾向得分匹配方法可以规避上述问题，但是该方法处理变量为二元虚拟变量，并不能量化刻画出企业生产率在每一单位上对出口产品种类的影响，以及潜在的异质影响（包括影响的连续性、是否存在拐点等）。因而此处选取希拉诺和伊本斯（Hirano & Imbens）2004 年通过拓展 PSM 方法提出的广义倾向得分匹配方法（Generalized Propensity Score，GPS）开展本节研究。GPS 方法不仅能够克服内生性和样本选择性偏误问题、具有 PSM 方法的优势，而且能够满足量化探究企业生产率对出口产品种类异质影响的要求。此外，克鲁维等（Kluve et al.）2012 年指出采用该方法的好处还在于更充分地利用样本信息。

（一）GPS 方法应用框架

对于企业样本 i 来说，GPS 方法设定连续型处理变量 M（企业生产率）和结果变量 Y（企业出口产品种类），最终考察处理变量对结果变量的“剂量反应”函数和因果效应（变量度量方法详见下文表 5.2.1）。当企业 i 的处理变量 M（$M_i \in [m_0, m_1]$）取值为 m 时，结果变量估计值为 $Y_i(m)$，且 GPS 方法要求在任一 M 取值下，连续型处理变量 M 与 Y 之间满足条件独立性条件：

$$Y(m) \perp M \mid X \tag{5.2.1}$$

其中，X 代表匹配变量的集合。需要说明的是，将处理变量样本局限在企业生产率为正的企业数据中，也会产生样本选择性偏误问题，但克鲁维等 2012 年研究指出由于 GPS 方法可自行对应匹配变量，这种偏误会得以消除。经过筛选，此处采用的匹配变量有企业规模、企业年龄、融资能力、所有制性质并控制区域、年份和行业固定效应。此时，如果将处理变量的条件概率密度函数表达为 $r(m,x)=f_{M\mid X}(m\mid x)$，在控制了匹配变量后式（5.2.1）的条件独立性条件可表达为：

$$f_M(m\mid r(m,X),Y(m))=f_M(m\mid r(m,X))\qquad(5.2.2)$$

关于 GPS 方法如何处理与匹配变量相关的偏误问题，希拉诺和伊本斯 2004 年提出分两个步骤进行。

其一是将预期考察结果作为处理变量 M 和 GPS 得分 S 的标量函数进行估计，则有如下公式：

$$\beta(m,s)=E[Y\mid M=m,S=s]\qquad(5.2.3)$$

其二是于企业生产率（处理变量）区间上、在给定特定某一处理变量取值下，去模拟估计企业出口产品种类（结果变量）的平均期望结果，若令 $\mu(m)=E[Y_i(m)]$ 表示“剂量反应”函数（Dose-Response Function，DRF），则可反映为如下式所示：

$$\mu(m)=E[\beta(m,r(m,X))]\qquad(5.2.4)$$

（二）GPS 方法具体应用步骤

本书借鉴希拉诺和伊本斯 2004 年研究，分三步实现广义倾向得分匹配方法。

第一，控制匹配变量、估计处理变量条件概率密度分布。在前文企业规模、年龄等匹配变量的控制下，采用正态分布估计企业生产率条件分布：

$$M_i\mid X_i\sim N(\beta_0+\beta_1'X_i,\sigma^2)\qquad(5.2.5)$$

在采用最大似然估计法得到参数 β_0、β_1、σ^2 的情况下，可获知广义倾向得分变量：

$$\hat{S}_i=(1/\sqrt{2\pi\hat{\sigma}^2})\exp\left(-\frac{1}{2\hat{\sigma}^2}(M_i-\hat{\beta}_0-\hat{\beta}'_1X_i)^2\right)\qquad(5.2.6)$$

第二，估计结果变量条件 Y_i 的条件预期值。在第一步的基础上，

将结果变量 Y_i 表达为处理变量 M_i 和广义倾向得分变量 $\hat{S}_i$ 的函数以估计其条件预期值［式（5.2.7）］，估计方法选用普通最小二乘法：

$$E[Y_i \mid M_i, S_i] = \alpha_0 + \alpha_1 M_i + \alpha_2 M_i^2 + \alpha_3 S_i + \alpha_4 S_i^2 + \alpha_5 M_i \cdot S_i \tag{5.2.7}$$

第三，根据第二步所得回归系数，利用下式估计得到不同处理变量水平上的结果变量平均期望值：

$$E'[Y(\hat{m})] = \frac{1}{N}\sum_{i=1}^{N}(\hat{\alpha}_0 + \hat{\alpha}_1 m + \hat{\alpha}_2 m^2 + \hat{\alpha}_3 \hat{s}(m, X_i) + \hat{\alpha}_4 \hat{s}(m, X_i)^2 + \hat{\alpha}_5 m\hat{s}(m, X_i)) \tag{5.2.8}$$

至此，在任一段连续型处理变量（企业生产率）取值范围内，可获知处理变量对结果变量（企业出口产品种类）的“剂量反应”函数和因果效应，量化估计得到企业生产率对出口产品种类影响的具体效应值和作用区间。

二　变量度量与统计性描述

接下来阐述处理变量、匹配变量和结果变量的选取和度量。第一，处理变量：采用企业生产率作为连续型处理变量的衡量，测度方法借鉴陈勇兵等（2014）研究，即企业工业增加值与从业人数比值，并取对数值处理。第二，结果变量：企业出口产品种类即出口企业历年的出口产品种类个数，种类划分标准与前文保持一致即在HS6位编码下进行，并取自然对数值。第三，匹配变量即企业规模、企业年龄、融资能力和所有制的度量，具体采用企业现金流与总资产比值衡量企业融资能力（*Finance*），现金流的测度方法为企业总利润减去应交所得税后加上累计折旧，其他三个匹配变量的度量方法与第四章实证估计中的度量相同。此外，匹配变量中还引入了控制企业所处地区、所在行业和所属年份（*Year*）的固定效应。以上变量度量方法汇总为表5.2.1。表中还汇报了基于持续经营企业全样本的每一变量样本均值和标准差基本统计信息。

表 5.2.1　　变量选取、度量与描述性统计

	变量符号	变量含义	度量方法	均值	标准差
处理变量	*Productivity*	生产率	工业增加值/从业人数	3.82	1.09
结果变量	*Scope*	出口产品种类	HS6 位码出口产品个数	1.83	0.85
匹配变量	*Scale*	企业规模	员工人数	5.76	1.09
	Age	企业年龄	考察与成立年份之差	2.21	0.59
	Finance	融资能力	现金流/总资产	0.09	0.15
	Foreign	所有制	1：外商；0：其他	0.42	0.49

三　计量研究结果与分析

（一）第一步估计结果

GPS 方法应用第一步是以匹配变量估计处理变量的条件分布，进而得到广义倾向评分值，估计结果汇总如表 5.2.2 所示。表 5.2.2 报告指出，除了基于持续经营企业全样本估计时 *Age* 变量估计系数并不具有统计意义上的显著性以外，其他匹配变量估计系数均通过了显著性水平检验，反映出匹配变量选取的有效性和估计结果的可靠性。具体观察可知，除 *Age* 变量以外，其他匹配变量对生产率的影响方向在基于不同样本分析时均保持一致：出口企业能够通过扩大规模（*Size*）产生规模效应进而促进自身生产率的提高；企业经营寿命（*Age*）的延长，反而不利于纯粹加工贸易企业生产率的增长，反映出纯粹加工贸易企业并没有充分利用“出口学习效应”促进自身生产率水平的提高；基于持续经营全样本的 *Age* 变量估计系数为正数，但估计结果并不具有统计意义上的显著性；此外，出口企业内源融资能力（*Finance*）的增强能够显著促进自身生产率的提高；我国出口企业中的外商企业（*Foreign*），具有更高的生产率水平。

（二）第二步估计结果

在第一步估计基础上，现进行第二步即利用前一步的估计结果测算得到结果变量，即企业出口产品种类的条件期望值，估计结果报告

表 5. 2. 2　　　　企业生产率影响因素的估计结果

持续经营企业全样本			持续经营纯粹加工贸易企业样本		
变量	系数	*t* 统计量	变量	系数	*t* 统计量
Scale	0. 0438 ***	33. 12	*Scale*	0. 0426 ***	14. 86
Age	0. 0036	1. 37	*Age*	-0. 0116 ***	-2. 76
Finance	0. 5033 ***	51. 96	*Finance*	0. 7256 ***	28. 10
Foreign	0. 0961 ***	33. 71	*Foreign*	0. 0651 ***	10. 13
_ *cons*	1. 4123 ***	81. 91	_ *cons*	1. 4477 ***	50. 24
Region	控制		*Region*	控制	
Year	控制		*Year*	控制	
Industry	控制		*Industry*	控制	

为表 5. 2. 3。通过观察发现：当基于纯粹加工贸易企业进行估计时，S^2估计系数没有通过显著性水平检验，其余解释变量在 1% 水平上显著异于零；当基于持续经营企业全样本进行估计时，所有变量均在不同水平上通过了显著性水平检验。邵敏和包群（2012）指出 M^2、S^2 以及模型中交乘项是否引入，可由根据估计系数显著性水平而定。因而本书 GPS 最终估计中将表 5. 2. 3 中估计系数不显著的变量去掉，由此进入第三步的测算工作。

表 5. 2. 3　　　　GPS 方法第二步参数估计结果

持续经营企业全样本			纯粹加工贸易企业样本		
变量	系数	*t* 统计量	变量	系数	*t* 统计量
M	0. 2008 ***	7. 83	M	0. 3195 ***	6. 00
M^2	-0. 0103 ***	-3. 45	M^2	-0. 0279 ***	-4. 72
S	0. 5218 ***	8. 36	S	0. 3660 ***	3. 21
S^2	0. 0645 * *	2. 00	S^2	-0. 0808	-1. 64
$M \times S$	-0. 1875 ***	-21. 89	$M \times S$	-0. 0716 ***	-4. 59
常数项	1. 3559 ***	32. 69	常数项	0. 8338 ***	8. 39

（三）第三步估计结果

此处刻画处理变量即企业生产率对出口产品种类的“剂量反应”函数，且截取生产率取值1—8区间的“剂量反应”函数绘制如图5.2.1所示。图5.2.1显示：每个图分别有三条曲线，上、下曲线分别代表GPS估计函数的95%置信上线和置信下线，本书关注和重点考察的是中间的实线，即GPS估计表达的企业生产率对出口产品种类影响的“剂量反应”函数关系。

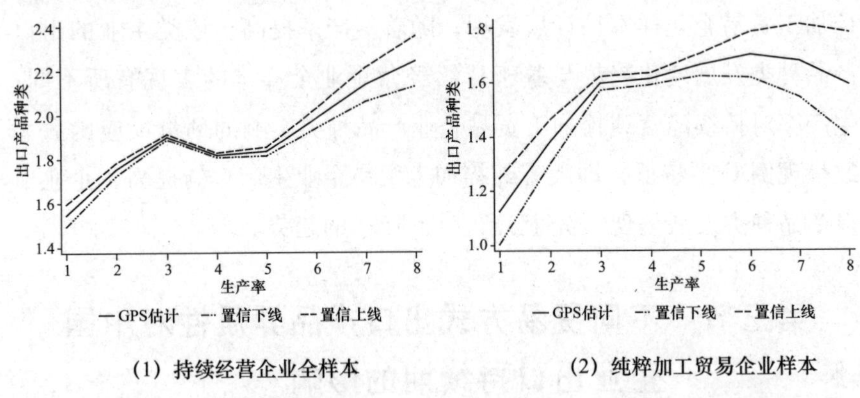

图5.2.1　企业生产率对出口产品种类影响的“剂量反应”函数

由图5.2.1（1）中曲线可知，基于持续经营出口企业全样本估计时，随着我国出口企业生产率的提高、出口产品种类先趋于上升，但存在一个拐点，拐点以后企业生产率对出口产品种类的“剂量反应”函数呈现U型特征，即拐点后随着企业生产率的提高，企业出口产品种类呈现“先下降、后上升”的发展态势。截至目前，基于中国微观企业数据探讨生产率对企业出口产品种类影响的研究数量较少，与本书此处研究相似的是钱学锋等（2013）的分析，他们也指出随着企业生产率的提高，我国企业出口产品种类呈现非线性变化。他们采用2000—2005年中国工业企业和中国海关进出口数据库对应后数据，利用普通最小二乘方法（OLS）研究发现，若以企业全要素生产率作为自变量、出口产品范围作为因变量，则生产率一次、二次项估计系数分别显著为负、为正。更为重要的是，当代入生产率平均值后发现，全要素生产率越高、企业会倾向于较小的出口产品范围。他们对此至少提供了两个方面的解释，一来表明中国出口企业全要素生产率水平有限因而处于U型曲线的下降部分，二来反映出中国国内市场分割而导致国内贸易成本较高，甚至高于出口贸易成本的现象，从而低生产率企业倾向于将产品投向出口市场、高生产率企业倾向于将产品在国内市场中销售。如图5.2.1（2）所示，基于持续经营纯粹加工贸易企业样本估计后发现，随着生产率提高，该类企业的出口产品种类发展变化趋势与基于持续经营企业全样本的表现有所不同：生产率对持续经营纯粹加工贸易企业产品种类影响的剂量反应函数大致呈现倒U型特征，即随着纯粹加工贸易企业生产率的提高，企业出口产品种类发展呈现“先上升、后下降”的趋势。

第三节 不同贸易方式出口产品异质性对中国企业出口持续期的影响

刘振兴和金祥荣（2011）指出，在采用中国企业样本进行理论和实证研究时，充分重视中国事实的多样性和复杂性十分重要。因而在区分贸易方式对中国出口企业生产率和利润率水平进行比较，探讨生产率对不同贸易方式企业出口产品种类的影响进行分析后，本书采用前文所述离散时间Cloglog生存分析模型，基于企业出口贸易方式分类量化估计出口产品异质性对企业出口持续期的影响。

一 总体检验

出口贸易方式对“出口产品异质性—企业出口持续期”的影响至少存在于以下两个方面。一方面，中国加工贸易企业在经营发展中受到国内政策和国外厂商的大力扶持，例如，余2015年指出来料加工、进料加工这两类国家最为主要的加工贸易活动，均给予关税减免政策，这便大大减少了加工贸易企业的生产经营成本，有助于加工贸易企业拓展出口产品范围、促进产品转换活动。另一方面，承接国外合作厂商订单是中国加工贸易经营的重要特征，尹祥硕和陈陶然（2015）指出传统低端加工贸易多呈现“两头在外”的加工贸易模式，在生产、定价及发展路径方面我国加工贸易企业普遍缺乏话语权，利润水平不及非加工贸易企业，因而加工贸易企业在产品决策上会缺乏自主掌控能力、缺乏自主性，根据国外厂商和海外销路情况集中于少数几类产品的出口或许更有助于加工贸易企业的出口市场存活。因而此处基于不同贸易方式出口企业样本进行再次实证估计。

基于纯粹加工贸易企业样本的出口产品异质性影响企业出口持续期实证结果汇总如表 5. 3. 1 所示。分析表 5. 3. 1 估计结果可知：纯粹加工贸易企业的多产品经营者出口存活概率更高，表现为 *Multiple* 变量估计结果显著为负。但通过细分出口产品种类的进一步检验可知，相对于单产品经营者、出口产品小范围和低范围组的纯粹加工贸易企业出口持续期更长，而出口产品高范围组企业的估计系数并不具有统计意义上的显著性。以上发现说明，拓展出口产品范围，同样有助于纯粹加工贸易企业延长出口持续期，这为本书第二章推论 1 提供了经验证据支持。然而与前文不区分贸易方式的研究结论有所不同的是，当出口产品种类大于 45 种时（出口产品高范围组），我国纯粹加工贸易企业并不能通过拓展出口产品范围这一微观作用渠道正向促进企业出口持续期的延续。这表明中国纯粹加工贸易企业出口产品范围相对较小，这一结论与第三章特征性事实的分析相符。

其次，出口产品转换对企业出口持续期的促进作用存在于纯粹加工贸易企业组中，表现为 *Change* 变量估计结果显著为负，说明从整体上看纯粹加工贸易企业能够通过出口产品转换渠道降低出口退出风险，这一发现为第二章数理模型推论 2 提供了经验证据支持。然而，这并不能充分体现我国纯粹加工贸易企业出口产品决策的灵活性和自主性，需要进一步细分出口产品转换类别进行深入剖析。进一步的估计结果显示，只有出口产品的净增加活动才能显著促进我国纯粹加工贸易企业的出口市场存活，而衡量出口产品净剔除和同增同减活动变量的估计系数并未通过显著性水平检验。这一方面表明，我国纯粹加工贸易企业仍处于出口产品种类上升阶段，具有拓展出口产品种类的空间；另一方面也体现出，我国纯粹加工贸易企业内部缺乏资源在异质产品间的再配置过程，企业内部“资源再配置”效应有限，本书认为这是由于纯粹加工贸易企业以国外合作厂商订单需求为导向从事产品加工和出口，缺乏对出口产品决策的掌控能力。因而从整体上来看，中国纯粹加工贸易企业发展路径易被外商俘获锁定的问题仍不容忽视，这体现了中国加工贸易发展转型升级、提升国际话语权的重要意义。

最后，表 5. 3. 1 中 *Level_ H* 估计结果显示，出口产品高集中度的纯粹加工贸易企业相比其他出口企业并没有显著的出口存活优势，这一估计结果验证了本书第二章数理模型命题 3 推论。这体现了我国纯粹加工贸易企业出口产品的不稳定性、产品订单的分散性，反映出从整体上看我国纯粹加工贸易企业在国际市场中仍缺乏具有国际竞争力的拳头产品这一现实情况，因而这也间接反映出对中国纯粹加工贸易企业注重提升出口质量、向价值链高端延伸的迫切要求。

基于混合加工贸易企业的检验结果汇总为表 5. 3. 2。分析可知，出口产品异质性对我国混合加工贸易企业出口持续期的影响，与前文基于全样本的分析一致：拓展出口产品范围有助于提高混合加工贸易企业的出口存活概率，且相比单产品出口企业而言，出口产品中范围组的混合加工贸易企业具有更为明显的生存潜力和优势。以上分析结论为本书第二章数理模型推论 1 提供了经验支持证据。

混合加工贸易企业转换出口产品种类将有助于企业出口持续期的延长，这一分析结论验证了本书第二章数理模型推论 2。具体来说，出口产品的净增加和同增同减活动会显著降低混合加工贸易企业的出

表 5.3.1　出口产品异质性对纯粹加工贸易企业出口持续期影响的实证研究

变量	(1)	(2)	(3)	(4)	(5)
Multiple	-0.586*** (-5.36)	—	—	—	—
Multiple_ L	—	-0.589*** (-5.36)	—	—	—
Multiple_ M	—	-0.908* (-1.77)	—	—	—
Multiple_ H	—	-0.025 (-0.05)	—	—	—
Level_ H	—	—	-0.211 (-0.87)	—	—
Change	—	—	—	-0.383*** (-3.59)	—
Add	—	—	—	—	-0.569*** (-7.85)
Drop	—	—	—	—	0.097 (1.43)
Churn	—	—	—	—	-0.068 (-0.98)
观测值	6541	6541	1733	6700	6700

注：表中实证检验囊括其他控制变量及固定效应，估计结果未给予汇报。下同。

口退出风险，然而净剔除既有出口产品种类反而不利于混合加工贸易企业的出口市场存活，这表明混合加工贸易企业通过“学习效应”、自主研发并进而开拓新产品对自身的出口市场存活至关重要，体现了混合加工贸易企业能够通过内部异质产品间的“资源再配置”渠道促进自身出口持续期的延续。刘晴等（2013）指出劳动力成本上升使得单一从事加工贸易出口的企业所获利润不断减小，张杰等(2010）认为地方政府有时为了吸引外资会将加工贸易企业利润支配权更多地赋予外商，而且彭国华和夏帆（2014）认为我国加工型企业在出口产品组合决策中缺乏自主掌控性，往往被动接受国外厂商订单的我国纯粹加工贸易出口企业更是难以自主决策出口产品种类，因而难以充分利用企业内部出口产品异质性的微观渠道影响企业的出口市场存活。然而，如若出口企业既以一般贸易方式又以加工贸易方式出口，则出口贸易方式会较为灵活，在享受国家关税减免等优惠政策的同时，亦能从事一般贸易出口从而降低出口风险，促进利润获取和企业的转型升级，更为重要的是增强了企业对出口产品种类选择的自主性，进而能够利用出口产品异质性渠道积极促进企业出口持续期的延续。相对而言，出口产品高集中度企业的出口持续期更长，体现了我国混合加工贸易企业在拓展出口产品范围的同时，集中于自身具有国际竞争力拳头产品出口的重要性。

表 5.3.2　出口产品异质性对混合加工贸易企业出口持续期影响的实证研究

变量	(1)	(2)	(3)	(4)	(5)
Multiple	-0.280*** (-2.69)	—	—	—	—
Multiple_ L	—	-0.262** (-2.51)	—	—	—
Multiple_ M	—	-0.671*** (-4.09)	—	—	—
Multiple_ H	—	-0.652** (-2.42)	—	—	—
Level_ H	—	—	-0.053* (-1.72)	—	—
Change	—	—	—	-0.171* (-1.69)	—
Add	—	—	—	—	-0.196*** (-3.60)
Drop	—	—	—	—	0.219*** (3.65)
Churn	—	—	—	—	-0.089* (-1.77)
观测值	16271	16271	6408	16360	16360

此外，作者基于一般贸易企业样本，对出口产品异质性如何影响企业出口持续期进行了分析与挖掘。凭借一般贸易方式进入出口市场的企业出口行为，往往是国内市场上优势产品和优势企业向海外市场的自然延伸，因而我国一般贸易企业具有充分利用出口产品异质性微观渠道促进企业出口持续期延续的能力，此处不再详述实证结果。

二　区分不同贸易方式的计量研究结果与分析

由于生产率是异质性企业贸易模型中决定企业进入、退出决策的关键要素，因而第四章实证研究中探究了生产率及其与出口产品异质性交互作用对企业出口市场存活的影响。在区分贸易方式的进一步分析中，同样对生产率与出口产品异质性交互作用如何影响企业出口存活进行量化考察。企业从事加工贸易活动的生产和销售等经营成本较低，加之国家关税减免等政策扶持，加工贸易出口企业并非高生产率内销企业面向国际市场的自然延伸，例如，戴等 2016 年研究指出中国纯粹加工贸易企业生产率甚至低于内销企业。纯粹加工贸易企业本就自身竞争实力不强，而且被动接受国外厂商订单特征十分明显，因而往往严重缺乏出口产品组合决策自主性。

因而本书认为纯粹加工贸易企业难以通过出口产品异质性与生产率交互作用促进自身的出口市场存活。表 5. 3. 3 的估计结果验证了上述预期：估计结果显示，只有 *Multiple* × *TFP* 变量估计结果显著为负，表明我国纯粹加工贸易企业的多产品经营者能够通过提高生产率水平促进自身出口持续期的延续。然而其他变量估计系数均不显著，不仅体现出生产率并非我国纯粹加工贸易企业出口市场存活的决定性因素，也表明我国纯粹加工贸易企业缺乏通过生产率与出口产品异质性交互作用促进自身出口市场存活的微观渠道。

同理，基于混合加工贸易企业样本的估计结果汇报如表 5. 3. 4 所示。分析发现，各变量估计结果均于不同显著性水平上显著为负，这充分体现了生产率水平提高对我国混合加工贸易企业出口市场存活的

表 5. 3. 3　　基于纯粹加工贸易企业样本的估计结果

变量	(1)	(2)	(3)
Multiple × *TFP*	-0. 165 *** (-3. 40)	—	—
(1 - *Multiple*) × *TFP*	-0. 045 (-0. 93)	—	—
观测值	6541	—	—
Level_ high × *TFP*	—	0. 081 (0. 68)	—
(1 - *Level_ high*) × *TFP*	—	0. 106 (0. 89)	—
观测值	—	1733	—
Change × *TFP*	—	—	0. 009 (0. 17)
(1 - *Change*) × *TFP*	—	—	0. 067 (1. 23)
观测值	—	—	6700

表 5. 3. 4　　基于混合加工贸易企业样本的估计结果

变量	(1)	(2)	(3)
Multiple × *TFP*	-0. 121 *** (-3. 43)	—	—
(1 - *Multiple*) × *TFP*	-0. 079 ** (-2. 10)	—	—
观测值	16271	—	—
Level_ high × *TFP*	—	-0. 151 *** (-2. 73)	—
(1 - *Level_ high*) × *TFP*	—	-0. 139 ** (-2. 49)	—
观测值	—	6408	—
Change × *TFP*	—	—	-0. 108 *** (-3. 04)
(1 - *Change*) × *TFP*	—	—	-0. 083 ** (-2. 20)
观测值	—	—	16360

积极影响，且这种促进作用并不因出口产品异质性特征的变化而减弱或消亡。混合加工贸易企业的出口贸易方式既有多样性，但这也意味着该类企业面临的贸易成本和经营环境更加复杂，因而对提高生产率水平的需求更高。此外，本书量化估计了生产率与出口产品异质性交互作用对中国一般贸易企业出口持续期的影响。从整体上看，基于一般贸易出口企业样本的分析结论基本与全样本研究结论相符，此处不再详述。

第六章　拓展分析：出口和对外直接投资对企业生存影响效果的比较

积极拓展国际市场、紧抓经济全球化浪潮，对于中国实现“经济增长奇迹”至关重要。其中，出口贸易和对外直接投资，是中国参与国际生产网络的两种重要方式。一方面，中国凭借出口贸易蓬勃发展融入世界市场，货物贸易出口额自 2009 年以来保持世界第一。另一方面，中国在“走出去”战略引导下积极对外直接投资，2016 年成为全球第二大对外直接投资国，蒋冠宏和蒋殿春（2014）指出当前对外直接投资已成为国家实现经济增长新的动力源泉。

如果说出口和对外直接投资对我国宏观经济增长的积极影响已被广泛讨论，那么对于微观实践者的企业来说：如何进入海外市场，才能延续市场存活？在我国“推动形成全面开放新格局”的时代背景下，探索企业生存问题具有重要现实意义：延续企业市场存活，不仅是企业成长和持续发展的首要问题，而且是产业发展和国家经济增长等长期政策目标实现的有效保障。因而，探究我国企业海外市场最优进入方式对自身市场存活的影响，不仅能够为我国企业可持续发展和国际化路径提供指导，而且有助于为我国引领新一轮全球化开放格局和经济强国建设提供参考。本书前面章节中，已通过理论和实证研究分析了出口特别是出口产品异质性如何促进企业延长出口持续期，本章中作者将进一步对出口和对外直接投资如何影响企业生存进行比较分析，以期探究我国企业进入国际市场的最优路径。

事实上，出口和对外直接投资对企业市场存活的影响，具有正、反两方面影响效应。异质性企业贸易理论认为，生产率是企业海外市场进入决策和路径选择的关键，即生产率较高的企业才能够克服对外直接投资和出口所需沉没成本而进入海外市场，例如，梅里兹 2003 年和伯纳德等 2003 年研究均指出这一观点。而且赫尔普曼等（Helpman et al.）2004 年研究认为，企业国际化路径会由出口向对外投资过渡，同时梅里兹 2003 年和瓦格纳 2013 年研究指出，生产率较高意味着企业抵御风险能力和竞争实力较强。因而，对外直接投资和出口对企业市场存活具有正向影响效应，且对外直接投资的作用效果相对更强。然而不容忽视的是，国际市场相比本土市场竞争更为激烈，焦万内蒂等（Giovannetti et al.）2011 年研究指出国际化企业面临较大的失败风险。尤其是对外直接投资具有高风险性特征，例如，需要投入高额固定资产成本用于生产经营，并且收益具有明显的时滞性等。企业通过海外市场拓展在世界范围内有效配置资源的代价是面临较大的经营不稳定性和市场风险，这一问题对于对外直接投资企业来说或许更为严峻。因此本章中，作者将采用多元倾向得分匹配计量模型比较分析出口和对外直接投资对我国企业出口持续期的影响效果，以期所得结论有助于破解我国企业生存困境、促进国家全面开放新格局构建。

第一节　中国出口和对外直接投资的特征性事实

一　数据库构建和处理

（一）数据来源

本章实证研究依托于三套微观数据库的合并数据。第一，中国工业企业数据库。如前文所述，该套数据库已被国内外学者广泛应用于中国经济问题分析，覆盖企业累计生产总值占比当年国家工业生产总值的95%左右，涵盖工业行业60余个。第二，中国海关进出口数据库。如前文所述，由此可获知企业贸易方式和贸易额等信息。为了同其他数据库进行对应，作者将该数据库样本汇总为年度数据，并通过计算某企业历年加工贸易出口额占比，衡量出口企业加工贸易参与度。第三，中国对外直接投资企业名录。该套数据库由国家商务部发布，使得我们获取企业对外直接投资活动相关信息成为可能。该套数据库记录了20世纪80年代以来中国所有非金融类对外直接投资企业的注册相关信息，包括投资企业注册年份、境内（境外）企业（机构）名称、投资目的国、产品活动信息等。虽然该套数据库并未提供企业投资额，但据此可获知对外直接投资企业名称、投资经营范围及投资动机等相关信息。

（二）数据处理与不同类型企业识别

在数据库合并前，首先对历年工业企业数据进行统一整理，处理方法参照勃兰特等（Brandt et al.）2012年研究。其次为了尽可能消除统计纰漏和误差，借鉴余2015年研究剔除缺失和异常值。在数据库清洗和处理之后，作者采用企业中文单位名称标准，逐年合并三大数据库：某特定年份，工业企业数据库某企业中文单位名称与海关数据库中某出口企业相同，那么视二者为同一企业，并且该企业从事出口；同理，若某工业企业中文单位名称与对外直接投资名录中的相同，那么视二者为同一企业，并且该企业进行对外直接投资；而且，若某企业中文单位名称在三个数据库中均相同，那么该企业为历年中同时出口和投资的混合类企业。此外，将工业企业数据库中未能与另两个数据库企业合并成功的样本视为非出口和直接投资国际化企业。进而定义三类海外市场进入企业：历年中，仅通过出口进入海外市场的纯粹出口企业（*EX*）、仅从事对外直接投资的纯粹对外直接投资企业（*ODI*），以及同时从事出口和直接投资的混合出口投资企业（*EX-ODI*）。

有关于样本时间跨度选择，由于毛其淋和许家云（2016）指出中国2004年以后开始大规模对外直接投资，此部分实证研究数据初始年份为2004年。由于2011年前后中国工业企业主营业务收入统计标准分别为500万和1000万元及以上，由此如果某存活企业于2011年以后退出数据库，有可能并非真正倒闭而是主营业务收入低于1000万元标准。考虑到这一问题可能对企业市场存活估计带来的偏误影响，此部分样本研究期止于2010年。同时，为了克服研究企业生存问题面临的样本左删失问题（即无法获知企业成立年份之前的存活状态），剔除初始年份之前成立的企业样本。同时借鉴毛其淋和许家云（2016）的分析，将研究样本限定在从2005年开始出口或对外直接投资的企业集合。为了排除企业反复退出、进入可能导致的估计偏误，保留在研究样本期内持续经营的企业样本。

二　特征性事实分析

在合并和处理样本过后，首先采用Kaplan-Meier方法描绘企业生存函数曲线（见图6.1.1），初步比较不同类型企业的市场存活状况，

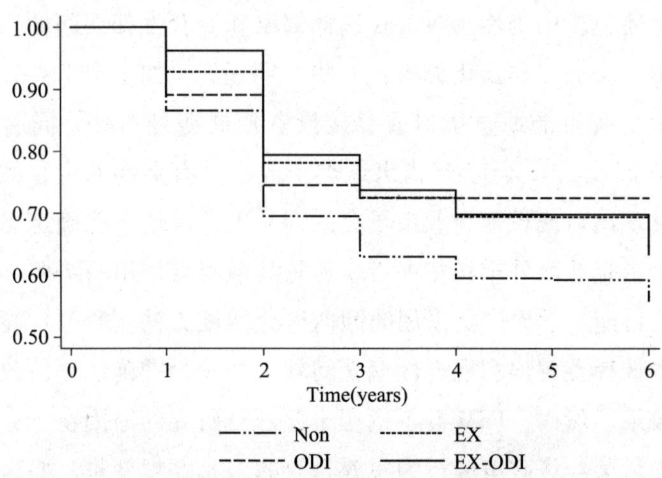

图6.1.1　不同组别企业的K-M生存曲线函数图

（Chi2 = 2145.19，Pr > chi2 = 0.0000）

以期挖掘不同类型企业市场存活特征事实。企业"失败"事件的设置和生存分析数据库的构建方法如前文第三章所述。分析图 6.1.1 可知：随着时间推移，所有企业的市场存活概率均呈现下降趋势，体现了"负的时间依存性"；相对而言，非国际化企业（*Non*）具有最低的市场存活概率；此外，在企业进入市场的起初四年，同时出口和投资的混合类企业（*EX-ODI*）拥有相对最高的市场存活概率，其次是纯粹出口企业（*EX*）；第四年后，纯粹对外直接投资企业（*ODI*）的市场存活寿命相对最长，在一定程度上体现了直接投资收益获取的滞后性。此外，Log-rank 检验结果表明各组别存活、退出企业生存曲线估计较为准确，拟合度较好。

第二节　出口和对外直接投资影响中国企业出口持续期的比较分析

一　计量模型与变量选取

虽然特征事实初步揭示了企业海外市场进入与自身市场存活的关系，但上述分析中仍然具有潜在选择偏误和混合性偏误问题，其存在的原因是，企业并非随机分布：一些"明星"（如生产率高、利润高等）企业更有可能通过出口或直接投资拓展海外市场，同时瓦格纳 2013 年和高凌云等 2017 年指出这类企业也具有更高的生存概率；如果我们发现出口或投资企业市场存活寿命更长，便不能确定更长的存活寿命是由企业海外市场拓展带来还是其他因素作用的结果。

截至目前，学界广泛采用的倾向得分匹配方法（PSM）能够克服上述样本选择性偏误和混合性偏误问题，并较为准确地评估政策实施的经济效果。然而，PSM 并不适用于此部分研究的原因在于，其处理变量为衡量某经济政策或行为实施与否的二元虚拟变量，而这一部分研究中企业面临多种海外市场进入决策。

因此，本书选取多元倾向得分匹配方法（Multiple Propensity Score

Matching，MPSM）量化探究此部分研究问题。具体来说，相比 PSM 方法，MPSM 即多元倾向得分匹配方法对于研究此部分问题的优势在于：（1）量化评估多种市场进入决策（纯粹出口、纯粹直接投资、混合出口投资）对企业市场存活概率的影响效果，并通过满足条件独立性假设克服样本选择性偏误和混合性偏误问题；（2）排除不同市场进入决策之间的相互作用，将各种市场进入决策对企业生存的作用效果分离出来加以量化分析；（3）通过“反事实”估计，得到不同市场进入决策（匹配变量）间在企业生存概率（结果变量）上特征十分相似的企业，使得估计不同组别的估计结果具有可比性。

有关样本分组，根据此部分研究问题并借鉴毛其淋和许家云（2016）的研究，将样本划分为四类：样本期间一直从事非国际化企业组，2005 年开始从事纯粹出口企业组、纯粹对外直接投资企业组以及混合出口投资企业组。

从模型设置的技术层面上看，MPSM 方法是以 PSM 方法为基础的拓展，区别于后者的关键在于构建多元选择模型，以衡量企业在其他特征（匹配变量）条件下从事某海外市场进入方式的概率（此部分研究中设置非国际化组为基本组），并以此基础测算倾向得分值进而匹配各组中的相似企业：

$$p^{m}(X) = P(C = m \mid X) \tag{6.2.1}$$

其中，X 代表匹配变量，m 代表选择某种海外市场进入方式的企业集合即某处理组样本集合。最终，处理变量的平均处理效果可表示为式（6.2.2）：

$$ATT_{m,n} = E(Y^{m} \mid C = m) - E(Y^{n} \mid C = m) \tag{6.2.2}$$

上式便衡量了相比处理行为决策 n 来说，m 处理行为决策引致的企业市场存活概率（结果变量 Y）的平均处理效应；即采取某市场进入方式 m 的企业来说，如若采用 n 方式进入市场会对市场存活概率产生怎样的影响。由此，等式右侧第二项式需要通过“反事实”估计得到。这里，m（或 n）即企业海外市场进入决策包括（0，0）、

（*EX*，0）、（0，*ODI*）和（*EX*，*ODI*）四类，分别代表非国际化企业、纯粹出口企业、纯粹对外直接投资企业、混合出口投资企业（下文同）。

此外，与 PSM 类似，MPSM 方法亦要求满足两个非常重要的假设条件。一个是条件独立分布假设，即在控制匹配变量的条件下处理变量与结果变量相互独立：$[Y^{(0,0)}, Y^{(EX,0)}, Y^{(0,ODI)}, Y^{(EX,ODI)}] \perp C \mid X = x$，据此克服样本选择性偏误和混合性偏误问题。另一个是“重叠”假定，即在匹配变量控制下处理变量概率值介于 0 到 1 之间：$0 < p^{(m)}(X) < 1$，由此保证匹配后处理和对照组企业分布形态基本一致。因此，可进一步将式（6.2.2）改为：

$$ATT_{m,n} = E(Y^m \mid C = m) - E_{p^m(X),p^n(X)}\{E(Y^l \mid p^m(X), p^n(X), C = n) \mid C = m\} \tag{6.2.3}$$

有关于匹配变量的选取，本书借鉴艾斯特夫－佩雷斯等 2010 年研究选取企业规模、高凌云等 2017 年研究选取全要素生产率、包群等 2015 年研究选取资本密集度、埃利亚松等（Eliasson et al.）2012 年研究选取资产负债率等影响企业市场存活和海外市场进入的特征因素作为匹配变量，同时设置三个二元虚拟变量衡量企业所有制性质（国有、外资抑或私营），并借鉴许家云和毛其淋（2016）研究控制行业、地区和年份特征。表 6.2.1 汇报了非国际化、纯粹出口、纯粹对外直接投资和混合出口投资四个企业组别在主要匹配变量上的均值差异。总体来看，纯粹对外直接投资企业在企业规模、全要素生产率、资本密集度等绩效指标上水平更高。

表 6.2.1　　各企业组别的匹配变量均值特征比较

变量	（0，0）	（*EX*，0）	（0，*ODI*）	（*EX*，*ODI*）
Size	4.277	4.790	5.222	5.144
TFP	1.774	1.695	2.094	2.013

续表

变量	（0，0）	（EX，0）	（0，ODI）	（EX，ODI）
Cap	1.070	0.984	1.306	0.943
Debt	0.437	0.498	0.536	0.606
State	0.010	0.003	0.053	0.000
Foreign	0.018	0.136	0.105	0.099
Private	0.381	0.200	0.303	0.221

二　计量研究结果与分析

（一）基本检验结果

为了量化探究此部分研究问题，本书采用前文所述 MPSM 方法进行实证估计，匹配方法选取为较为广泛使用的最近邻匹配法（1—3 配对）。同时，借鉴罗森鲍姆和罗宾 1985 年研究进行匹配平衡性检验，以期检验样本匹配质量，即是否在匹配后克服了不可观测因素的选择性偏差和混合性偏误问题。如果匹配之前各匹配变量在各组别企业间的显著差异在匹配之后明显减小，即匹配后的标准偏差绝对值显著减小（学界通用的标准是 20% 以内），则认为匹配变量选取合理，匹配结果可靠。此处以混合出口投资企业组和非国际化企业组的 MPSM 估计结果为例，进行匹配平衡性检验说明，结果汇报如表 6.2.2 所示。由 t 检验相伴概率可知，匹配后两组企业样本在各匹配变量上的均值已十分接近，且匹配后标准偏差绝对值介于 1.5% 到 17.5% 之间，反映了 MPSM 匹配质量较好和匹配结果的可靠性。

表 6.2.2　　　　匹配平衡性检验结果（最近邻匹配法）

变量名称	处理	均值		标准偏差（%）	标准偏差减少幅度（%）	t 统计量	t 检验相伴概率
		处理组	对照组				
Size	匹配前	5.0376	4.2659	74.5	96.0	7.66	0.000
	匹配后	5.0376	5.0069	3.0		0.17	0.866

续表

变量名称	处理	均值		标准偏差（%）	标准偏差减少幅度（%）	t 统计量	t 检验相伴概率
		处理组	对照组				
TFP	匹配前	1.7682	1.6838	9.3	-35.5	0.80	0.427
	匹配后	1.7682	1.6539	12.6		0.76	0.449
Cap	匹配前	1.3069	1.1213	-5.5	-65.7	-0.47	0.637
	匹配后	1.3069	0.8970	9.2		0.68	0.500
Debt	匹配前	0.5803	0.4455	25.2	30.7	2.20	0.028
	匹配后	0.5803	0.6738	-17.5		-0.92	0.358
State	匹配前	0.0122	0.0163	-3.8	60.6	-0.22	0.827
	匹配后	0.0122	0.0106	1.5		0.14	0.887
Foreign	匹配前	0.1707	0.0235	51.1	66.9	8.79	0.000
	匹配后	0.1707	0.1220	16.9		0.88	0.380
Private	匹配前	0.2683	0.5126	-51.6	73.4	-4.43	0.000
	匹配后	0.2683	0.3333	-13.7		-0.90	0.367

此外，表6.2.3汇报了基于全样本的MPSM估计结果（多元离散选择模型和倾向得分值估计结果备索），结果表明：海外市场拓展有助于企业市场存活，且纯粹对外直接投资的促进效果最为明显，纯粹出口和混合出口投资对企业存活的促进效果较为相似。

具体分析可知，相对非国际化企业组，国际化企业的市场存活概率显著更高；处理组为纯粹出口、纯粹对外直接投资、混合出口投资企业时，ATT估计值分别为0.093、0.116、0.099，并且均在1%水平上显著。这表明拓展海外市场是企业提高存活概率的重要途径，这一结论与梅里兹2003年和瓦格纳2013年的研究相符。虽然国际市场竞争激烈，在一定程度上加大了企业的市场退出风险，但企业亦可享受全球价值链嵌入的巨大收益（例如，学习其他国家先进技术与管理理念等）、促进自身市场存活。本研究显示，国际化经营对中国企业市场存活的净影响效果为正。

比较三类国际化企业市场存活概率发现：第一，纯粹对外直接投资企业拥有显著更高的市场存活概率，其相比纯粹出口企业而言存活概率高1.7%。赫尔普曼等2004年研究认为，纯粹对外直接投资企业以非商贸型投资为主要目的，包括生产销售投资、技术研发类投资（如联想、华为建立海外研究中心）等，企业海外市场进入的生产率临界值相对较高。本书研究发现，我国企业通过纯粹对外直接投资获得的“逆向技术溢出”效应和可转移所有权优势，相比出口学习效应更有助于自身的市场存活。

第二，纯粹对外直接投资企业亦具有相比混合出口投资企业的生存优势，估计结果表明后者相比前者市场存活概率低1.4%。以商贸型投资为主要特征的混合出口投资是我国企业直接投资的一大主要类型，虽然其具有无须支付高额沉没成本（如固定资产投资和雇用员工等）即进入门槛相对较低的优点，但其可转移所有权优势亦相对较低，因而相比纯粹直接投资对企业生存概率的促进效果较为有限。

第三，混合出口投资企业相比与纯粹出口企业的市场存活概率差异并不具有统计意义上的显著性，说明从短期来看，以上两种海外市场进入方式对企业市场存活的作用效果差异并不明显，同时也反映了混合出口投资企业或许主要进行服务出口的非生产性投资，其对企业市场存活的促进效果不及生产和研发型直接投资类投资显著。

表6.2.3 基于全样本的MPSM估计结果

处理组/对照组	ATT	标准误
（EX，0）/（0，0）	0.093***	0.0003
（0，ODI）/（0，0）	0.116***	0.0041
（EX，ODI）/（0，0）	0.099***	0.0054
（0，ODI）/（EX，0）	0.017***	0.0036
（EX，ODI）/（EX，0）	-0.007	0.0052
（EX，ODI）/（0，ODI）	-0.014***	0.0053

（二）异质性和稳健性分析

在基于全样本量化研究的基础上，考虑到与目的国经济距离、行业密集度和国际化类型异质性特征对此部分研究问题的潜在影响，接下来细分子样本，对海外市场进入如何影响企业市场存活展开深入剖析。

1. 区分经济距离

格玛沃特（Ghemawat）2001 年研究指出，经济距离指的是出口或直接投资国和目的国在经济发展水平上的差距，具体体现在科技能力、要素成本等方面。此部分讨论中，如若目的国经济发展水平高于我国，那么我国企业通过出口或对外直接投资将学习投资国先进技术及理念、获取动态竞争优势，但同时也面临更为激烈的竞争加大市场风险。相反，如若我国经济发展水平更高，国际化企业在目的国市场上更具竞争和生存优势，但同时也会受到目的国基础设施建设、创新能力及制度环境较为落后的影响，限制我国国际化企业的进一步发展。为了考察经济距离异质性特征对此部分研究问题的影响，作者采用国家收入水平反映一国经济发展水平，并根据世界银行历年对国家收入水平的分类标准将出口或投资目的国划分为中高收入、低收入两类，再次进行 MPSM 估计，结果汇总为表 6.2.4。

表 6.2.4　　基于经济距离分组的 MPSM 估计结果

处理组/对照组	中高收入	低收入
(EX, 0)/ (0, 0)	0.093*** (0.003)	0.092*** (0.005)
(0, ODI)/ (0, 0)	0.113*** (0.005)	0.132*** (0.011)
(EX, ODI)/ (0, 0)	0.099*** (0.005)	0.103*** (0.010)
(0, ODI)/ (EX, 0)	0.022*** (0.004)	-0.041 (0.040)
(EX, ODI)/ (EX, 0)	-0.007 (0.005)	0.008 (0.010)
(EX, ODI)/ (0, ODI)	-0.015*** (0.005)	0.005 (0.008)

表6.2.4估计结果总体上与前文基于全样本分析相符。具体分析可知，相对非国际化企业而言，纯粹出口对企业市场存活的促进效应并不因目的国经济距离不同而产生显著差异，而对于纯粹对外直接投资和混合出口投资企业来说，目的国为低收入国家时企业市场存活概率更高。这反映的现实问题是，考察期内我国企业在进行是否进入海外市场的决策时，也许以考虑生产要素价格因素为主。近年来，随着我国劳动力比较优势的逐渐削弱，许多企业选择对外直接投资到经济发展水平较低的东道国，以期享受当地生产经营的廉价生产成本优势，进而促进投资企业利润获取、增强市场风险应对能力。而且，低收入国家与我国间的制度差异往往较小，说明我国投资企业可通过“非市场技巧”疏通制度障碍，由此降低投资企业的市场退出风险。

2. 区分行业密集度

在我国改革开放进程中，行业异质性给企业行为决策带来的差异影响十分显著。就此部分研究问题而言，我国凭借劳动力、资源等要素成本优势融入世界市场和全球分工体系，这或许体现了我国劳动密集型企业在国际市场中更强的竞争优势和更高的存活可能性。此外，科技创新作为经济和社会发展的内生动力，对大至宏观国家、小至微观企业国际竞争力的提升至关重要，因而所属技术密集型行业的企业或许能够更为充分利用“干中学效应”、“技术溢出效应”等获得持久生存。为了量化探究上述问题，本书按照行业要素密集度（GB/T－2位码）将企业样本划分为劳动密集型、资本密集型和技术密集型行业三类，依托于每个子样本再次进行MPSM估计。

表6.2.5结果显示，相比非出口和投资国际化企业：（1）纯粹出口行为对企业市场存活的促进效应在三类行业中较为接近；（2）当企业仅从事对外直接投资时，技术密集型行业企业市场存活概率更高(11.6%)，其次为劳动密集型行业（11.3%）和资本密集型行业(8.2%)，体现了中国纯粹对外直接投资企业主要通过科技创新和“逆向技术溢出”效应等特定优势赢得竞争优势的客观现实；（3）混

合出口投资行为对企业生存的促进效应在劳动密集型行业更为显著(11.0%)，由前文分析可知这类企业主要从事服务出口的非生产性投资，而样本考察期内我国仍主要凭借劳动力优势开展出口贸易，因而在劳动密集型行业中混合出口投资企业的生存优势更为明显。

此外需要注意的是，相比纯粹对外直接投资企业，混合出口投资的企业市场存活概率更低，但只有在技术密集型行业中估计结果在1%水平上显著，这亦间接体现了我国在经济发展新常态背景下，由劳动和资本等要素投入的粗放型增长转向科技和技能推动的集约型增长的现实要求。

表 6.2.5　　基于行业密集度分组的 MPSM 估计结果

处理组/对照组	劳动密集	资本密集	技术密集
(EX, 0)/ (0, 0)	0.093*** (0.0005)	0.094*** (0.0005)	0.092*** (0.0005)
(0, ODI)/ (0, 0)	0.113*** (0.0082)	0.082** (0.0351)	0.116*** (0.0072)
(EX, ODI)/ (0, 0)	0.110*** (0.0087)	0.074*** (0.0108)	0.101*** (0.0113)
(0, ODI)/ (EX,0)	0.025*** (0.0054)	0.031*** (0.0053)	0.016*** (0.0062)
(EX, ODI)/ (EX,0)	0.001 (0.0087)	-0.014 (0.0099)	-0.005 (0.0097)
(EX, ODI)/ (0, ODI)	-0.010 (0.0126)	-0.018 (0.0193)	-0.018*** (0.0088)

3. 基于不同匹配方法的稳健性检验

虽然前文 MPSM 估计中采用的最近邻匹配法能够通过“反事实”估计配对具有相似倾向得分的企业样本，但一个处理组企业或许配对多个控制组企业样本可能影响配对质量，而这一问题可以通过采用半径匹配方法得到较好解决。此外，阿巴迪和伊本斯（Abadie & Imbens）2006 年指出，核匹配方法不仅使用部分对照组企业样本而且通过加权采用整个对照组企业样本，从而能够尽可能充实样本量，相比最近邻匹配方法具有一定优势。因此，本书在前文分析基础上，采用核匹配和半径匹配法再次依托于全样本进行 MPSM 估计，表 6.2.6 汇报了估计结果，匹配宽度和半径取值 0.01。整体来看，不同匹配方法估计结果具有高度一致性，且所得结论与前文相符，即海外市场进入有利于促进企业市场存活概率的提高，且纯粹对外直接投资行为的促进效应更为显著，由此体现了此部分研究结论的稳健性。

表 6.2.6　　核匹配和半径匹配的 MPSM 估计结果

核匹配	ATT	S. E.	半径匹配	ATT	S. E.
处理组/对照组			处理组/对照组		
(EX, 0)/ (0, 0)	0.097***	0.003	(EX, 0)/ (0, 0)	0.097***	0.003
(0, ODI)/ (0, 0)	0.108***	0.003	(0, ODI)/ (0, 0)	0.108***	0.003
(EX, ODI)/ (0, 0)	0.092***	0.006	(EX, ODI)/ (0, 0)	0.092***	0.005
(0, ODI)/ (EX,0)	0.015***	0.002	(0, ODI)/ (EX,0)	0.016***	0.002
(EX, ODI)/ (EX,0)	−0.002	0.005	(EX, ODI)/ (EX,0)	−0.002	0.005
(EX, ODI)/ (0, ODI)	−0.015***	0.006	(EX, ODI)/ (0, ODI)	−0.015***	0.005

4. 基于不同研究期限的稳健性检验

艾斯特夫 - 佩雷斯 2013 年研究显示企业国际化行为具有明显的“门槛效应”和“负时间依存性”，即企业在进入海外市场初期的市场退出风险较大，但随着国际化时间的延长将逐渐降低。这意味着随着时间的推移，不同海外市场进入方式对企业市场存活的作用方向和效果或许存在动态变化。为了考察这一问题，此部分将样本时间跨度扩展至 2004—2012 年。值得说明的是，2011 年及以后中国工业企业数据库的统计标准发生了变化，“规模以上企业”由之前的 500 万元提高至 1000 万元。为了排除由于统计标准变化给企业市场存活行为带来的影响，此处将样本统一为年主营业务收入为1000万元及以上的企业。表6.2.7估计结果再次体现了前文分析结论的稳健性，即海外市场进入有利于企业提高市场存活概率，且纯粹对外直接投资的提升作用最为显著。此外，分析发现，当样本时间跨度延长后，纯粹对外直接投资、混合出口投资行为对企业市场存活的促进效果相比前文的短期分析更为明显，证实了企业国际化行为的“门槛效应”和“负时间依存性”。

与前文短期分析不同的是，表6.2.7中估计结果表明混合出口投资相比纯粹出口对企业市场存活概率的促进效果更为显著，而非短期分析中二者作用较为相似的结论，这间接体现了直接投资相比出口行为的收益时滞性较为明显的特征。

表6.2.7 2004—2012年基于倾向得分匹配方法的MPSM估计结果

处理组/对照组	ATT	S. E.
(EX, 0)/ (0, 0)	0.061***	0.0003
(0, ODI)/ (0, 0)	0.329***	0.0037
(EX, ODI)/ (0, 0)	0.263***	0.0026
(0, ODI)/ (EX,0)	0.240***	0.0035
(EX, ODI)/ (EX,0)	0.219***	0.0014
(EX, ODI)/ (0, ODI)	-0.014***	0.0033

第七章　研究结论与中国企业延长出口持续期的实施对策

第一节　本书的主要研究结论

新新贸易理论的新近发展方向之一，多产品异质性企业贸易模型诠释了多产品企业的行为模式，通过假设产品异质性揭示了贸易利得新渠道即企业内拓展边际、企业内异质产品间的“资源再配置”效应。本书核心研究问题是探究出口产品异质性对企业出口持续期的影响机理。在厘清相关理论和研究文献脉络的基础上，围绕本书研究问题展开理论和实证分析，研究所得主要结论可总结如下。

第一，在新新贸易理论框架下，基于一个垄断竞争市场的多产品异质性企业贸易模型，刻画出口产品异质性对企业出口持续期的影响机理，特别是阐述了出口产品异质性如何重置企业内资源进而影响企业出口持续期限。模型假设不同产品之间具有属性差异，这里产品属性既包含产品质量又囊括反映产品的其他特征，而且产品属性反映了消费者对异质产品的差异化需求。借鉴既有研究，本书在模型分析中引入企业内部的“产品属性阶梯”，其由企业内部从高到低的产品属性构成。为了贴近发展中国家经济实际情况特别是中国国情，本书在模型中引入能够反映企业融入全球市场贸易方式的因素展开讨论。具体来说，从出口产品异质性视角出发，揭示出口产品范围、出口产品转换和出口产品集中度对企业出口持续期的影响。从出口产品范围维度考察，当企业出口产品属性临界值较低时、企业能够出口的产品范围较广，此时企业在支付出口固定成本后仍有较大的盈利能力，从而在面临外生冲击时退出出口市场的风险较低、企业出口持续期较长。从出口产品转换维度考察，当企业面临外生冲击时，根据冲击给企业带来的影响效应为正抑或为负，企业调整出口产品属性区间和出口产品组合，增加新出口产品种类抑或剔除既有产品种类，从而使企业在不同情况下均能实现利润最大化，这一过程也体现了资源在企业内部产品间的优化配置，进而起到降低企业出口风险、延长企业出口持续期的作用。从出口产品集中度维度考察，企业根据市场中的外生冲击、调整出口核心产品即出口产品属性最大值产品出口的贸易比例，促使企业赢得最优的获利空间；由于每个企业应对冲击后的生产率和产品调整方向并不一致，因此从整个市场来看，出口产品集中度对企业出口持续期的影响具有不确定性。此外，加工贸易和一般贸易方式下企业均能够通过拓展出口产品范围和转换出口产品种类延长自身出口持续期，但纯粹加工贸易企业通过出口产品异质性和企业内资源重置影响出口持续期的作用有限。

第二，改革开放以来中国出口贸易发展迅猛，在 2009 年成为世界第一大货物贸易出口国，于 2013 年成为世界货物贸易第一大国并延续至今。其中，加工贸易对我国的出口贸易繁荣贡献卓著，2000—2006 年间混合加工贸易企业是我国出口贸易增长的主力军。因而，本书采用中国微观企业出口贸易数据围绕研究核心议题和数理模型结论展开实证研究。首先是对中国企业的出口产品异质性、出口持续期进行现实考察和特征性事实挖掘，结论表明：中国出口贸易企业的主体形式是多产品企业，2000—2006 年间平均有 73.56% 的出口企业为多产品企业，而且对出口贸易额的平均贡献为 93.45%。中国出口企业频繁调整出口产品组合，出口产品种类增加、减少的转换活动频繁发生，表明企业内异质产品间“资源再配置”效应在我国出口企业中发挥作用；从我国出口企业内出口核心产品贸易占比来看，随着出口产品种类的增加（从1增加到10）、企业内出口核心产品贸易占比有所下滑（从100%下降到56.21%）。采用Kaplan-Meier方法对我国不同出口产品异质性特征企业的出口贸易时间分布进行描绘、比较后发现：多产品出口企业和转换出口产品种类的企业出口生存率更大，出口产品集中度高于均值的企业在出口市场中的存活概率更高。此外，当区分企业出口贸易方式时，分析结果表明我国纯粹加工贸易企业的出口产品范围相对更窄，而且出口产品种类转换活动不及一般贸易方式企业活跃。

第三，采用离散时间Cloglog生存分析模型及Probit、Logit模型，对出口产品异质性如何影响中国企业出口持续期进行实证分析，亦是对本书数理模型研究命题及推论的检验。首先，为了克服样本选择偏误和内生性问题，采用倾向得分匹配方法（PSM）对样本数据进行匹配。其次，基于匹配后的样本进行实证研究，估计结果表明中国多产品出口企业的出口风险更低、出口持续期更长，且当考察出口产品种类个数对企业持续期的影响后发现，随着出口产品范围的拓展，其对企业出口持续期的影响先促进、后阻碍。从出口产品转换维度分析，相比连续两年出口产品种类无变化的企业，出口产品进行净增加和同增同减活动的我国企业出口持续期显著更长，而净剔除出口产品的企业市场退出风险更高，反映出我国企业出口产品种类在样本考察期间处于上升空间。此外本书量化考察了生产率及其与出口产品异质性交互作用对中国企业出口持续期的影响。从出口产品集中度维度分析，出口产品高集中度企业的出口持续时间更久，体现了我国企业在出口市场中培育自身具有核心竞争力产品和品牌的重要性，且当出口国际化年限超过2年后，出口产品集中度对企业出口持续期的积极影响才会凸显。

第四，区分企业出口贸易方式，对出口产品异质性如何影响企业出口持续期进行深入挖掘。首先，采用核密度估计和箱线图估计方法初步比较一般贸易企业、纯粹加工贸易企业和混合加工贸易企业的核心绩效表现，发现纯粹加工贸易企业的生产率和利润率水平相对最低、一般贸易企业相对最高。其次，采用广义倾向得分匹配方法（GPS）量化考察生产率对企业出口产品种类的影响，基于持续经营出口企业样本和持续经营纯粹加工贸易企业样本的“剂量反应”函数图呈现不同发展趋势，反映了本书区分贸易方式对研究问题进行深入挖掘的必要性。最后，采用离散时间 Cloglog 生存分析模型量化估计出口产品异质性及其与生产率交互作用对不同贸易方式企业出口持续期的影响。对于一般贸易和混合加工贸易企业来说，出口产品异质性及其与生产率交互作用对企业出口持续期的影响方向与基于全样本分析时的结论基本保持一致。然而，估计结果表明纯粹加工贸易企业通过出口产品异质性促进自身出口持续期延续的作用较为有限，难以通过出口产品集中度微观渠道显著影响自身出口持续期，且缺乏内部异质产品间资源优化配置进而促进企业出口市场存活的微观渠道。

第五，本书依托来自中国的微观匹配数据，采用多元倾向得分匹配模型对出口和对外直接投资如何影响我国企业存活概率进行比较分析。结果发现，海外市场进入有助于降低企业退出风险，并且纯粹对外直接投资的促进效果最为显著，混合出口投资和纯粹出口对企业生存的促进效果较为相似。此外，不同匹配方法、时间跨度和计量模型的估计结果均符合上述结论，体现研究结果的稳健性。异质性分析结果显示，直接投资到高中收入国家的企业生存促进效应更强，纯粹直接投资企业的市场存活优势在技术密集型行业最为显著。

第二节　中国企业延长出口持续期的启示

第一，稳定出口贸易增长是充分发挥中国出口贸易对经济增长促进作用的前提和基础，延长企业出口持续期是稳定中国出口贸易增长的微观保障。中国出口贸易迅猛发展的同时高风险性特征显著。从国际环境分析，出口贸易市场竞争激烈，不稳定性因素和风险加大。与此同时，扩大出口、促进出口增长普遍被各国视为经济复苏的重要手段，出口市场竞争激烈。从中国自身情况分析来看：中国出口贸易额在全球市场份额中占据高位，联合国贸易与发展会议（UNCTAD）数据显示，2015 年中国出口贸易占世界份额的比例为 13.8%，较 2014 年的 12.3%有所上升。然而，出口贸易规模较为庞大的典型弊端则表现为稳定出口的难度系数增强、贸易摩擦较多。我国劳动力等生产要素成本优势逐渐弱化，低成本竞争优势恐怕无法长期持续，特别是随着新兴经济体不断完善基础设施建设，出口订单有向周边国家转移的倾向，这是我国制造业出口所需面临的重要挑战。在中低端出口产业面临新兴经济体追赶的同时，发达经济体促进“再工业化”、开拓国际市场并已取得明显呈现，因而在高端出口产业，中国遭遇来自美国等发达国家和经济体很大的竞争压力。稳定出口贸易增长是充分发挥中国出口贸易对经济增长促进作用的前提和基础，而对中国宏观出口贸易的微观洞察表现为企业的出口行为。因而，企业出口持续期的延续对于国家出口贸易增长至关重要。培育出口企业国际竞争力、降低企业退出出口风险从而延长企业出口持续期，是稳定我国出口贸易发展的重要保障。

第二，充分重视和发挥出口产品异质性对企业出口持续期的微观作用，通过企业内异质产品间的“资源再配置”效应有效延长企业出口持续期。现实中，多产品企业是中国和其他许多发达国家、发展中国家贸易的主体形式，但多产品企业产品异质性对企业持续期的影响往往被忽略。从出口产品异质性视角出发，本书通过理论模型和实证研究揭示了出口产品范围、出口产品转换和出口产品集中度对企业出口持续期影响的微观作用。研究结果表明，企业拓展出口产品范围能够延长降低企业出口贸易风险、延长出口贸易时间，这为中国企业提升出口市场竞争力、提高出口存活率提供了新的启示。值得说明的是，我国多产品企业出口产品种类对企业出口持续期的影响呈现倒 U 型作用关系，因而我国多产品企业不能一味拓展出口产品种类，在拓展产品种类时应注意与既有优势产品相关联，同时注意产品新领域拓展时企业所面临的不确定性风险等问题而将出口产品范围保持在合理的区间内。此外，本书研究显示，企业转换出口产品种类特别是同增同减的出口产品转换活动能够有效延长自身出口持续期。这表明我国出口企业增添新产品、剔除旧产品的动态转换活动，有助于满足日益多元化和个性化的消费需求，反映了企业内部产品层面资源优化配置效应的存在及其对企业市场存活的积极作用。而且，本书研究显示，我国企业净增加出口产品种类能够促进企业延长自身出口持续期，这为微观企业这类创新决策主体，提供了通过产品创新延长经营寿命的证据。特别是对于传统制造业企业和夕阳企业来说，更应重视产品创新为其带来的巨大生存机遇，这也符合新形势下国家创新型驱动发展战略的号召。然而亦应注意我国经济发展中“低技术锁定”对企业创新、产业体系升级带来的不利影响，因而减少对垄断企业的制度倾斜、为中小企业创造公平的市场竞争环境、引导企业创新动力和创新资源的配置，以及注重真正意义上的技术进步而非技术效率改进，都值得在创新战略的实施中关注和完善。通过探究出口产品集中度对企业出口持续期的影响，本书研究表明，树立和培育在世界范围内普遍认可的、具有全球竞争优势的产品，有助于中国企业降低出口退出风险。具有全球竞争优势产品和国际化品牌的树立，不但有助于我国企业提高出口存活率，而且积极贡献于我国发展品牌经济，能够显著提升我国核心竞争力。

第三，促进中国加工贸易转型升级，提高加工贸易企业在国际市场竞争中的话语权，从而促进加工贸易企业通过出口产品异质性对自身出口持续期的积极影响。本书研究结果显示，纯粹加工贸易企业通过出口产品异质性微观渠道促进自身出口持续期的作用有限，缺乏内部异质产品间资源重置效应及其对企业出口市场存活的作用。本书认为，这反映出的现实问题是我国纯粹加工贸易企业缺乏出口产品组合决策的自主权和掌控力，因而企业内部缺乏异质产品间“资源再配置效应”的发生。加工贸易是中国对外贸易发展的主要方式之一，然而我国传统加工贸易往往处于全球价值链低端位置，使得我国加工贸易企业在很多情况下是被动地接受国外厂商订单，订单导向的行为模式较为明显，由此导致了我国加工贸易企业缺乏产品自主决策权、难以培育出在全球市场上普遍具有国际竞争力的产品等问题。因而增强中国加工贸易竞争优势，推动加工贸易发展从“大进大出”转向“优进优出”，是促进中国加工贸易转型升级的重要努力方向。不能仅仅追求在加工装配环节取得成功，要注重将加工装配活动转化为加工贸易活动，更为重要的是，将加工贸易向上下游环节延伸、获得更多的技术溢出和后向联系。我国封闭型加工基地应注重联系国内上下游企业和研发机构，促进加工贸易向全球价值链高端跃升，而且要促进内资企业融入到以外资企业为主体的加工链条之中，以期促进企业引进吸收先进技术进而模仿创新。为加工贸易企业打造创新发展平台，促进加工贸易企业与新型贸易业态和商业模式的融合，培育中国加工贸易企业竞争新优势，充分提高我国加工贸易企业的国际话语权。

第四，本书研究为企业提高市场存活概率提供了新的视角，即除了进行出口贸易以外，通过对外直接投资进入世界市场，能够显著提高企业市场存活概率。特别是在中国经济新常态特征背景下，积极推进“一带一路”发展战略，鼓励企业对外直接投资特别是进行研发类和生产销售投资，这有助于有效延续企业生存寿命进而促进经济可持续发展。此外本书研究结果表明，直接投资特别是非商贸服务型（如生产销售研发型等）纯粹对外直接投资企业的市场更替行为能够显著促进资源优化配置。

第三节　本书的局限和展望

多产品异质性企业研究是新新贸易理论的最新发展动态之一，正处于不断发展的阶段，但目前该研究分支具有许多需要完善的地方，同时受到作者研究能力和精力的限制，因而本书研究存在一定难度。在与本书相关的后续研究中，作者认为至少可以沿着以下思路展开。

第一，本书刻画与描述了中国企业出口产品异质性特征，揭示了出口产品异质性对企业出口持续期的内在影响机理。然而本书并未描述企业进口产品异质性及其影响，而且囿于数据的可获得性，无法考察企业内销产品异质性特征。而且若无法获知企业内销产品数据，便无法考察例如中国地区间市场分割给企业内产品异质性特征及其贸易利得带来的影响等问题。因而，这就为数据的获取和处理提出了更高的要求，而且未来研究有待于将进、出口国际贸易市场和内销市场统一在一个理论框架中，更为完整地考察企业内部产品异质性特征及其对贸易利得影响，以及多产品企业国际化行为决策之间的影响。

第二，理论研究与发展源于现实中新发现并用于指导实践，因而在研究产品异质性与企业持续期问题时，更为贴近现实情况才能更好地解释并指导经济实践活动。本书在理论和实证研究中，引入发展中国家企业和发达国家企业在融入全球价值链时贸易方式的不同，进而诠释了出口产品异质性对不同贸易方式企业出口持续期的影响。因而今后多方面、更为深入地结合中国经济基本国情，并更多地将反映我国国情的因素融入到多产品异质性企业贸易模型和企业贸易持续期的理论和实证研究之中，不但有助于发展与完善既有理论，而且使得理论研究具有更强的现实指导价值。

第三，新新贸易理论的多产品异质性企业贸易模型研究尚处于快速发展阶段，本书将多产品企业产品异质性与企业持续期问题相结合，考察了二者的内在逻辑链条和作用机理。后续相关研究中，基于现实中多产品企业事实特征，本书建议沿以下两个思路进一步拓展多产品异质性企业贸易模型研究：一是与企业内生边界理论结合探讨多产品企业的全球组织生产决策问题；二是与新新经济地理理论结合探讨多产品企业国际市场选择的空间布局和选址决策等问题。

附录　倾向得分匹配效果检验

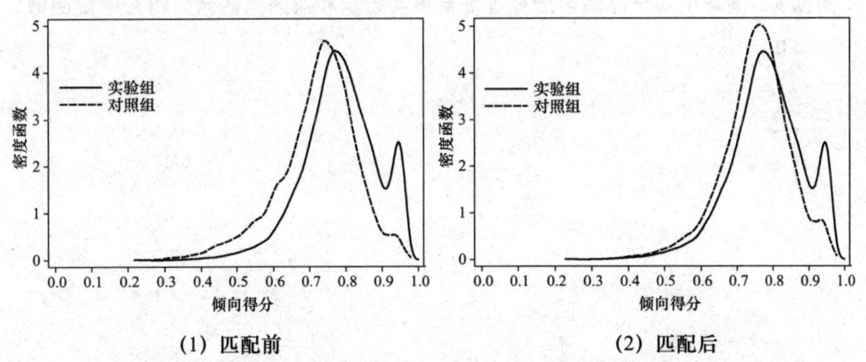

(1) 匹配前　　(2) 匹配后

附图 1　衡量出口产品范围处理变量下实验组和对照组的倾向得分密度函数

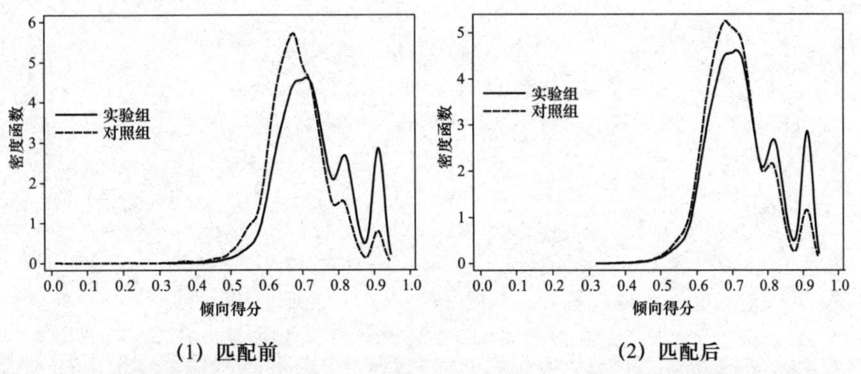

(1) 匹配前　　(2) 匹配后

附图 2　衡量出口产品转换处理变量下实验组和对照组的倾向得分密度函数

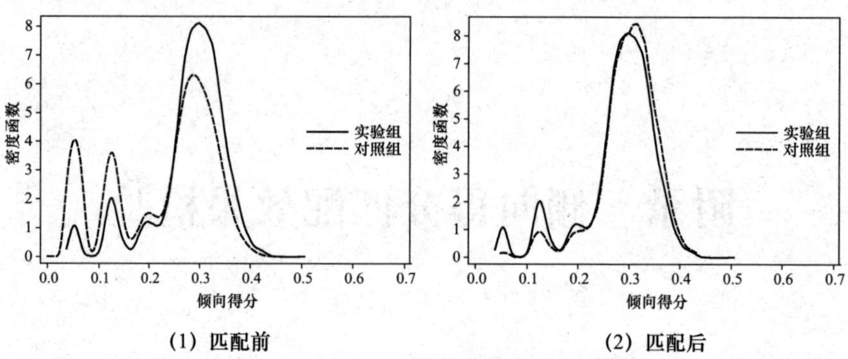

附图3　衡量出口产品集中度处理变量下实验组和对照组的倾向得分密度函数

主要参考文献

中文参考文献

包群、叶宁华、王艳灵:《外资竞争、产业关联与中国本土企业的市场存活》,《经济研究》2015 年第 7 期。

陈波、贺超群:《出口与工资差距:基于我国工业企业的理论与实证分析》,《管理世界》2013 年第 8 期。

陈飞、翟伟娟:《农户行为视角下农地流转诱因及其福利效应研究》,《经济研究》2015 年第 10 期。

陈蓉、许培源:《产品多样化与国际贸易收益:研究述评》,《国际贸易问题》2014 年第 6 期。

陈婷:《人民币汇率对多产品企业出口的影响》,《世界经济研究》2015 年第 1 期。

陈勇兵、李冬阳:《多产品出口企业的研究进展》,《中南财经政法大学学报》2015 年第 4 期。

陈勇兵、李燕:《贸易关系持续时间的研究进展》,《国际贸易问题》2012 年第 10 期。

陈勇兵、李燕、周世民:《中国企业出口持续时间及其决定因素》,《经济研究》2012 年第 7 期。

陈勇兵、钱意、张相文:《中国进口持续时间及其决定因素》,《统计研究》2013 年第 2 期。

陈勇兵、王晓伟、符大海、李冬阳:《出口真的是多多益善吗?——

基于广义倾向得分匹配的再估计》,《财经研究》2014 年第 5 期。
陈勇兵、仉荣、曹亮:《中间品进口会促进企业生产率增长吗——基于中国企业微观数据的分析》,《财贸经济》2012 年第 3 期。
崔凡、邓兴华:《异质性企业贸易理论的发展综述》,《世界经济》2014 年第 6 期。
戴觅、余淼杰、Madhura Maitra:《中国出口企业生产率之谜:加工贸易的作用》,《经济学(季刊)》2014 年第 2 期。
邓可斌、丁重:《中国为什么缺乏创造性破坏?——基于上市公司特质信息的经验证据》,《经济研究》2010 年第 6 期。
邓翔、路征:《"新新贸易理论"的思想脉络及其发展》,《财经科学》2010 年第 2 期。
丁重、张耀辉:《制度倾斜、低技术锁定与中国经济增长》,《中国工业经济》2009 年第 11 期。
杜运苏、王丽丽:《中国出口贸易持续时间及其影响因素研究——基于 Cloglog 模型》,《科研管理》2015 年第 7 期。
范剑勇、冯猛:《中国制造业出口企业生产率悖论之谜:基于出口密度差别上的检验》,《管理世界》2013 年第 8 期。
冯伟、邵军、徐康宁:《我国农产品出口贸易联系持续期及其影响因素:基于生存模型的实证研究》,《世界经济研究》2013 年第 6 期。
傅钧文:《加工贸易发展战略及中国的选择》,《世界经济研究》2008 年第 7 期。
高凌云、屈小博、贾朋:《外商投资企业是否有更高的退出风险》,《世界经济》2017 年第 7 期。
郭慧慧、何树全:《中国农业贸易关系生存分析》,《世界经济研究》2012 年第 2 期。
韩剑:《出口多样化与经济增长:理论及对中国的经验研究》,《国际贸易问题》2009 年第 8 期。
胡兵、张明:《加工贸易出口是否促进了生产率增长——基于

Malmquist 指数和动态面板模型的实证分析》,《财经科学》2011 年第 1 期。

蒋冠宏、蒋殿春:《中国企业对外直接投资的“出口效应”》,《经济研究》2014 年第 5 期。

蒋灵多、陈勇兵:《出口企业的产品异质性与出口持续时间》,《世界经济》2015 年第 7 期。

金祥荣、刘振兴、于蔚:《企业出口之动态效应研究——来自中国制造业企业的经验:2001—2007》,《经济学(季刊)》2012 年第 3 期。

李春顶:《中国出口企业是否存在“生产率悖论”:基于中国制造业企业数据的检验》,《世界经济》2010 年第 7 期。

李春顶、石晓军、邢春冰:《“出口—生产率悖论”:对中国经验的进一步考察》,《经济学动态》2010 年第 8 期。

李春顶、尹翔硕:《我国出口企业的“生产率悖论”及其解释》,《财贸经济》2009 年第 11 期。

李瑞琴:《产品内贸易与传统贸易模式对发展中国家经济增长影响的差异性研究——基于中国的实证分析》,《世界经济研究》2010 年第 2 期。

李小平、朱钟棣:《国际贸易、R&D 溢出和生产率增长》,《经济研究》2006 年第 2 期。

李永、付智博、李海英:《中国能源进口贸易持续是否稳定——来自 1992—2012 年的经验证据》,《财贸经济》2015 年第 5 期。

李永、金珂、孟祥月:《中国出口贸易联系是否稳定?》,《数量经济技术经济研究》2013 年第 12 期。

刘靖、张车伟、毛学峰:《中国 1991 ~ 2006 年收入分布的动态变化:基于核密度函数的分解分析》,《世界经济》2009 年第 10 期。

刘晴、史青、徐蕾:《混合贸易企业形成机制及选择行为分析——基于异质性企业贸易理论的视角》,《财经研究》2013 年第 6 期。

刘晴、徐蕾:《对加工贸易福利效应和转型升级的反思——基于异质性企业贸易理论的视角》,《经济研究》2013 年第 9 期。

刘振兴、金祥荣:《出口企业更优秀吗——基于生产率视角的考察》,《国际贸易问题》2011 年第 5 期。

逯宇铎、戴美虹、刘海洋:《“双向国际化”是企业对外贸易的更优选择吗?——来自中国制造业企业的经验分析》,《世界经济研究》2014 年第 8 期。

马光荣、李力行:《金融契约效率、企业退出与资源误置》,《世界经济》2014 年第 10 期。

毛其淋、盛斌:《贸易自由化、企业异质性与出口动态——来自中国微观企业数据的证据》,《管理世界》2013 年第 3 期。

毛其淋、许家云:《中国对外直接投资如何影响了企业加成率:事实与机制》,《世界经济》2016 年第 6 期。

彭国华、夏帆:《中国多产品出口企业的二元边际及核心产品研究》,《世界经济》2013 年第 2 期。

钱学锋、王菊蓉、黄云湖、王胜:《出口与中国工业企业的生产率——自我选择效应还是出口学习效应?》,《数量经济技术经济研究》2011 年第 2 期。

钱学锋、王胜、陈勇兵:《中国的多产品出口企业及其产品范围:事实与解释》,《管理世界》2013 年第 1 期。

邱斌、许志新:《出口产品多样性与中国制造业全要素生产率关系的研究——基于制造业行业面板数据的实证分析》,《东南大学学报》(哲学社会科学版)2013 年第 1 期。

邵军:《中国出口贸易联系持续期及影响因素分析——出口贸易稳定发展的新视角》,《管理世界》2011 年第 6 期。

邵敏、包群:《政府补贴与企业生产率——基于我国工业企业的经验分析》,《中国工业经济》2012 年第 7 期。

施炳展、逯建、王有鑫:《补贴对中国企业出口模式的影响:数量还是价格?》,《经济学(季刊)》2013 年第 4 期。

孙楚仁、沈玉良:《生产控制模式对我国加工贸易企业生产率的影响——基于六省(市)加工贸易企业水平调查数据的计量分析》,《世界经济研究》2012 年第 3 期。

孙玉琴、孙倩、王辉:《我国加工贸易的历史考察》,《国际贸易问题》2013 年第 4 期。

谭智、王翠竹、李冬阳:《目的国制度质量与企业出口生存:来自中国的证据》,《数量经济技术经济研究》2014 年第 8 期。

肖文、林高榜:《政府支持、研发管理与技术创新效率——基于中国工业行业的实证分析》,《管理世界》2014 年第 4 期。

许家云、佟家栋、毛其淋:《人民币汇率变动、产品排序与多产品企业的出口行为——以中国制造业企业为例》,《管理世界》2015 年第 2 期。

叶宁华、包群、张伯伟:《进入、退出与中国企业出口的动态序贯决策》,《世界经济》2015 年第 2 期。

尹翔硕、陈陶然:《不同贸易方式出口企业的生产率与利润——基于异质性企业理论的微观实证分析》,《世界经济文汇》2015 年第 4 期。

余淼杰:《加工贸易、企业生产率和关税减免——来自中国产品面的证据》,《经济学(季刊)》2011 年第 4 期。

余智:《国际贸易基础理论与研究前沿》,格致出版社 2015 年版。

张杰、李勇、刘志彪:《出口促进中国企业生产率提高吗?——来自中国本土制造业企业的经验证据:1999—2003》,《管理世界》2009 年第 12 期。

张杰、张培丽、黄泰岩:《市场分割推动了中国企业出口吗?》,《经济研究》2010 年第 8 期。

张杰、郑文平:《政府补贴如何影响中国企业出口的二元边际》,《世界经济》2015 年第 6 期。

赵伟、李淑贞：《出口与企业生产率：由实证而理论的最新拓展》，《国际贸易问题》2007 年第 7 期。

周世民、孙瑾、陈勇兵：《中国企业出口生存率估计：2000—2005》，《财贸经济》2013 年第 2 期。

外文参考文献

Abadie, A., Imbens, G. W., "Large Sample Properties of Matching Estimators for Average Treatment Effects", *Econometrica*, Vol. 74, No. 1, 2006.

Abraham, Katharine G., Susan K. Taylor, "Firms' Use of Outside Contractors: Theory and Evidence", *Journal of Labor Economics*, Vol. 14, No. 3, 1996.

Aeberhardt, Romain, Ines Buono, Harald Fadinger, "Learning, Incomplete Contracts and Export Dynamics: Theory and Evidence from French Firms", *European Economic Review*, Vol. 68, 2014.

Alvarez, Roberto, Ricardo A. Lopez, "Exporting and Performance: Evidence from Chilean Plants", *Canadian Journal of Economics/Revue Canadienne d'économique*, Vol. 38, No. 4, 2005.

Amador, João, Luca David Opromolla, "Product and Destination Mix in Export Markets", *Review of World Economics*, Vol. 149, No. 1, 2013.

Antras, Pol., Elhanan Helpman, "Global Sourcing", *Journal of political Economy*, Vol. 112, No. 3, 2004.

Antràs, Pol., "Firms, Contracts, and Trade Structure", *The Quarterly Journal of Economics*, Vol. 118, No. 4, 2003.

Antràs, Pol., "Incomplete Contracts and the Product Cycle", *American Economic Review*, Vol. 95, No. 4, 2005.

Araujo, Luis, Giordano Mion, Emanuel Ornelas, "Institutions and Export Dynamics", *Journal of International Economics*, Vol. 98, 2016.

Baldwin, Richard, Paul Krugman, "Persistent Trade Effects of Large Exchange Rate Shocks", *The Quarterly Journal of Economics*, Vol. 104, No. 4, 1989.

Bernard, Andrew B., Ilke Van Beveren, Hylke Vandenbussche, "Multi-Product Exporters and the Margins of Trade", *The Japanese Economic Review*, Vol. 65, No. 2, 2014.

Bernard, Andrew B., Joachim Wagner, "Export Entry and Exit by German Firms", *Weltwirtschaftliches Archiv*, Vol. 137, No. 1, 2001.

Bernard, Andrew B., J. Bradford Jensen, Robert Z. Lawrence, "Exporters, Jobs, and Wages in US Manufacturing: 1976 – 1987", *Brookings Papers on Economic Activity. Microeconomics*, Vol. 1995, 1995.

Bernard, Andrew B., J. Bradford Jensen, "Exceptional Exporter Performance: Cause, Effect, or Both?" *Journal of International Economics*, Vol. 47, No. 1, 1999.

Bernard, Andrew B., Stephen J. Redding, Peter K. Schott, "Multiple-Product Firms and Product Switching", *American Economic Review*, Vol. 100, No. 1, 2010.

Bernard, Andrew B., Stephen J. Redding, Peter K. Schott, "Multiproduct Firms and Trade Liberalization", *The Quarterly Journal of Economics*, Vol. 126, No. 3, 2011.

Bernard, A. B., J. Bradford Jensen, "Why Some Firms Export, Review of Economics and Statistics", 2004.

Berthou, Antoine, Lionel Fontagné, "How Do Multiproduct Exporters React to a Change in Trade Costs?" *The Scandinavian Journal of Economics*, Vol. 115, No. 2, 2013.

Besedeš, Tibor, Thomas J. Prusa, "Ins, Outs, and the Duration of Trade", *Canadian Journal of Economics/Revue Canadienne d'économique*, Vol. 39, No. 1, 2006.

Besedeš, Tibor, Thomas J. Prusa, "Product Differentiation and Duration of Us Import Trade", *Journal of International Economics*, Vol. 70, No. 2, 2006.

Borga, Maria, William J. Zeile, *International Fragmentation of Production and the Intrafirm Trade of Us Multinational Companies*, BEA, 2004.

Brandt, Loren, Johannes Van Biesebroeck, Yifan Zhang, "Creative Accounting or Creative Destruction? Firm-level Productivity Growth in Chinese Manufacturing", *Journal of Development Economics*, Vol. 97, No. 2, 2012.

Brenton, Paul, Christian Saborowski, Erik Von Uexkull, "What Explains the Low Survival Rate of Developing Country Export Flows?" *The World Bank Economic Review*, Vol. 24, No. 3, 2010.

Bruderl, Josef, Rudolf Schussler, "Organizational Mortality: The Liabilities of Newness and Adolescence", *Administrative Science Quarterly*, 1990.

Buddelmeyer, Hielke, Paul H. Jensen, Elizabeth Webster, "Innovation and the Determinants of Firm Survival", *Oxford Economic Papers*, Vol. 62, No. 2, 2009.

Cadot, Olivier, Céline Carrère, Vanessa Strauss-Kahn, "Export Diversification: What's Behind the Hump?" *Review of Economics and Statistics*, Vol. 93, No. 2, 2011.

Chatterjee, Arpita, Rafael Dix-Carneiro, Jade Vichyanond, "Multi-Product Firms and Exchange Rate Fluctuations", *American Economic Journal: Economic Policy*, Vol. 5, No. 2, 2013.

Chen, Wei-Chih, "Innovation and Duration of Exports", *Economics Letters*, Vol. 115, No. 2, 2012.

Clerides, Sofronis K., Saul Lach, James R. Tybout, "Is Learning by Exporting Important? Micro-Dynamic Evidence from Colombia, Mexico, and Morocco", *The Quarterly Journal of Economics*, Vol. 113, No. 3, 1998.

Costinot, Arnaud, *Contract Enforcement, Division of Labor, and the Pattern of Trade*, Mimeograph, Princeton University, 2005.

Cox, David R., "Regression Models and Life-Tables", *Journal of the Royal Statistical Society: Series B (Methodological)*, Vol. 34, No. 2, 1972.

Crespi, Gustavo, Chiara Criscuolo, Jonathan Haskel, "Productivity, Exporting, and the Learning-by-Exporting Hypothesis: Direct Evidence from Uk Firms", *Canadian Journal of Economics/Revue Canadienne d'économique*, Vol. 41, No. 2, 2008.

Dai, Meihong, Richard Harris, Yuduo Lu, Haiyang Liu, "Exports and Firm Survival: Do Trade Regime and Productivity Matter?" *Applied Economics Letters*, Vol. 23, No. 6, 2016.

Dai, Mi, Madhura Maitra, Miaojie Yu, "Unexceptional Exporter Performance in China? The Role of Processing Trade", *Journal of Development Economics*, Vol. 121, 2016.

Dai, Xiaoyong, Liwei Cheng, "Public Selection and Research and Development Effort of Manufacturing Enterprises in China: State Owned Enterprises Versus Non-State Owned Enterprises", *Innovation*, Vol. 17, No. 2, 2015.

Dixit, Avinash K., Joseph E. Stiglitz, "Monopolistic Competition and Optimum Product Diversity", *The American Economic Review*, Vol. 67, No. 3, 1977.

Eckel, Carsten, J. Peter Neary, "Multi-Product Firms and Flexible Manufacturing in the Global Economy", *The Review of Economic Studies*, Vol. 77, No. 1, 2010.

Eckel, Carsten, Leonardo Iacovone, Beata Javorcik, J. Peter Neary,

"Multi-Product Firms at Home and Away: Cost-Versus Quality-Based Competence", *Journal of International Economics*, Vol. 95, No. 2, 2015.

Eliasson, Kent, Pär Hansson, Markus Lindvert, "Do Firms Learn by Exporting or Learn to Export? Evidence from Small and Medium-Sized Enterprises", *Small Business Economics*, Vol. 39, No. 2, 2012.

Elliott, Robert J. R., Supreeya Virakul, "Multi-Product Firms and Exporting: A Developing Country Perspective", *Review of World Economics*, Vol. 146, No. 4, 2010.

ESTEVE-PÉREZ, SILVIANO, Francisco Requena-Silvente, VICENTE J PALLARDÓ-LOPEZ, "The Duration of Firm-Destination Export Relationships: Evidence from Spain, 1997 – 2006", *Economic Inquiry*, Vol. 51, No. 1, 2013.

Esteve-Pérez, Silviano, Juan A. Mañez-Castillejo, "The Resource-Based Theory of the Firm and Firm Survival", *Small Business Economics*, Vol. 30, No. 3, 2008.

Evans, David S., "The Relationship between Firm Growth, Size, and Age: Estimates for 100 Manufacturing Industries", *The Journal of Industrial Economics*, 1987.

Exports, International Study Group on, Productivity, *Exports and Productivity-Comparable Evidence for* 14 *Countries*, University of Lüneburg Working paper series in economics, 2007.

Feenstra, Robert C., *Product Variety and the Gains from International Trade*, Combridge, MA: MIT Press, 2010.

Feenstra, Robert C., "Integration of Trade and Disintegration of Production in the Global Economy", *Journal of Economic Perspectives*, Vol. 12, No. 4, 1998.

Feenstra, Robert C., "New Product Varieties and the Measurement of International Prices", *The American Economic Review*, 1994.

Feenstra, Robert, Hong Ma, *Optimal Choice of Product Scope for Multi-product Firms under Monopolistic Competition*, No. 13703, National Bureau of Economic Research, 2007.

Fernandes, Ana P., Heiwai Tang, "Scale, Scope, and Trade Dynamics of Export Processing Plants", *Economics Letters*, Vol. 133, 2015.

Foster, Lucia, John Haltiwanger, Chad Syverson, "Reallocation, Firm Turnover, and Efficiency: Selection on Productivity or Profitability?" *American Economic Review*, Vol. 98, No. 1, 2008.

Fritsch, Michael, "The Theory of Economic Development-an Inquiry into Profits, Capital, Credit, Interest, and the Business Cycle", *Regional Studies*, Vol. 51, No. 4, 2017.

Ghemawat, P., *Distance Still Matters-the Hard Reality of Global Expansion*, Hanvard Business Review, Vol. 79, No. 8, 2001.

Giovannetti, Giorgia, Giorgio Ricchiuti, Margherita Velucchi, "Size, Innovation and Internationalization: A Survival Analysis of Italian Firms", *Applied Economics*, Vol. 43, No. 12, 2011.

Girma, Sourafel, Holger Görg, Joachim Wagner, "Subsidies and Exports in Germany: First Evidence from Enterprise Panel Data", 2009.

Goldberg, Pinelopi K., Amit K. Khandelwal, Nina Pavcnik, Petia Topalova, "Multiproduct Firms and Product Turnover in the Developing World: Evidence from India", *The Review of Economics and Statistics*, Vol. 92, No. 4, 2010.

Grossman, Gene M., Elhanan Helpman, Adam Szeidl, "Optimal Integration Strategies for the Multinational Firm", *Journal of International Economics*, Vol. 70, No. 1, 2006.

Grossman, Gene M., Elhanan Helpman, "Outsourcing in a Global Economy", *The Review of Economic Studies*, Vol. 72, No. 1, 2005.

Görg, Holger, Richard Kneller, Balazs Muraközy, "What Makes a Successful Export? Evidence from Firm-Product-Level Data", *Canadian Journal of Economics/Revue canadienne d'économique*, Vol. 45, No. 4, 2012.

Halpern, Lúszló, Miklos Koren, Adam Szeidl, "Imports and Productivity", 2005.

Hausmann, Ricardo, Jason Hwang, Dani Rodrik, "What You Export Matters", *Journal of Economic Growth*, Vol. 12, No. 1, 2007.

Head, Keith, John Ries, "Heterogeneity and the Fdi Versus Export Decision of Japanese Manufacturers", *Journal of the Japanese and International Economies*, Vol. 17, No. 4, 2003.

Helmers, Christian, Mark Rogers, "Innovation and the Survival of New Firms in the UK", *Review of Industrial Organization*, Vol. 36, No. 3, 2010.

Helmers, Christian, Natalia Trofimenko, "Export Subsidies in a Heterogeneous Firms Framework: Evidence from Colombia", *Centre for the Study of African Economies Working Paper Series*, No. 2010 - 26, 2010.

Helpman, Elhanan, Marc J. Melitz, Stephen R. Yeaple, "Export Versus Fdi with Heterogeneous Firms", *American Economic Review*, Vol. 94, No. 1, 2004.

Hess, Wolfgang, Maria Persson, "Exploring the Duration of Eu Imports", *Review of World Economics*, Vol. 147, No. 4, 2011.

Hirano, Keisuke, Guido W. Imbens, "The Propensity Score with Continuous Treatments", *Applied Bayesian Modeling and Causal Inference from Incomplete-Data Perspectives*, Vol. 226164, 2004.

Iacovone, Leonardo, Beata S. Javorcik, "Multi-Product Exporters: Product Churning, Uncertainty and Export Discoveries", *The Economic Journal*, Vol. 120, No. 544, 2010.

Kasahara, Hiroyuki, Beverly Lapham, "Productivity and the Decision to Import and Export: Theory and Evidence", *Journal of international Economics*, Vol. 89, No. 2, 2013.

Kasahara, Hiroyuki, Joel Rodrigue, "Does the Use of Imported Intermediates Increase Productivity? Plant-Level Evidence", *Journal of Development Economics*, Vol. 87, No. 1, 2008.

Klinger, Bailey, Daniel Lederman, "Diversification, Innovation, and Imitation inside the Global Technological Frontier", *World Bank Policy Research Working Paper*, No. 3872, 2006.

Kluve, Jochen, Hilmar Schneider, Arne Uhlendorff, Zhong Zhao, "Evaluating Continuous Training Programmes by Using the Generalized Propensity Score", *Journal of the Royal Statistical Society*: *Series A* (*Statistics in Society*), Vol. 175, No. 2, 2012.

Krugman, Paul R., "Increasing Returns, Monopolistic Competition, and International Trade", *Journal of international Economics*, Vol. 9, No. 4, 1979.

Levinsohn, James, Amil Petrin, "Estimating Production Functions Using Inputs to Control for Unobservables", *The Review of Economic Studies*, Vol. 70, No. 2, 2003.

Love, James H., Panagiotis Ganotakis, "Learning by Exporting: Lessons from High-Technology Smes", *International Business Review*, Vol. 22, No. 1, 2013.

Ma, Yue, Heiwai Tang, Yifan Zhang, "Factor Intensity, Product Switching, and Productivity: Evidence from Chinese Exporters", *Journal of International Economics*, Vol. 92, No. 2, 2014.

Manova, Kalina, Zhihong Yu, "Firms and Credit Constraints Along the Global Value Chain: Processing Trade in China", 2013.

Marin, Dalia, Thierry Verdier, "Power inside the Firm and the Market:

A General Equilibrium Approach", *Journal of the European Economic Association*, Vol. 6, No. 4, 2008.

Masso, Jaan, Priit Vahter, "The Role of Product Level Entry and Exit in Export and Productivity Growth: Evidence from Estonia", *University of Tartu Faculty of Economics and Business Administration Working Paper*, No. 86 -2012, 2012.

Mayer, Thierry, Marc J. Melitz, Gianmarco IP Ottaviano, "Market Size, Competition, and the Product Mix of Exporters", *American Economic Review*, Vol. 104, No. 2, 2014.

McCann, Fergal, *Importing, Exporting and Productivity in Irish Manufacturing*, No. 0922, Working Paper Series, 2009.

Melitz, Marc J., "The Impact of Trade on Intra-Industry Reallocations and Aggregate Industry Productivity", *Econometrica*, Vol. 71, No. 6, 2003.

Mulûs, Mirabelle, Mauro Pisu, "Imports and Exports at the Level of the Firm: Evidence from Belgium", *World Economy*, Vol. 32, No. 5, 2009.

Navarro, Lucas, "Plant Level Evidence on Product Mix Changes in Chilean Manufacturing", *The Journal of International Trade & Economic Development*, Vol. 21, No. 2, 2012.

Nitsch, Volker, "Die Another Day: Duration in German Import Trade", *Review of World Economics*, Vol. 145, No. 1, 2009.

Nocke, Volker, Stephen Yeaple, *Globalization and Endogenous Firm Scope*, No. 12322, National Bureau of Economic Research, 2006.

Parteka, Aleksandra, Massimo Tamberi, "Product Diversification, Relative Specialisation and Economic Development: Import-Export Analysis", *Journal of Macroeconomics*, Vol. 38, 2013.

Peteraf, Margaret A., "The Cornerstones of Competitive Advantage: A

Resource-Based View", *Strategic management journal*, Vol. 14, No. 3, 1993.

Porter, Michael E., *Competitive Strategy: Techniques for Analyzing Industries and Competitors*: Simon and Schuster, 2008.

Prahalad, Coimbatore K., Gary Hamel, The Core Competence of the Corporation. In*Strategische Unternehmungsplanung/Strategische Unternehmungsführung*, 969－987: Springer, 1997.

Qiu, Larry D., Miaojie Yu, "Multiproduct Firms, Export Product Scope, and Trade Liberalization: The Role of Managerial Efficiency", 2014.

Rauch, James E., Joel Watson, "Starting Small in an Unfamiliar Environment", *International Journal of Industrial Organization*, Vol. 21, No. 7, 2003.

Rauch, James E., "Networks Versus Markets in International Trade", *Journal of International Economics*, Vol. 48, No. 1, 1999.

Rosenbaum, Paul R., Donald B., Rubin, "Constructing a Control Group Using Multivariate Matched Sampling Methods that Incorporate the Propensity Score", *The American Statistican*, Vol. 39, No. 1, 1985.

Rosenbaum, Paul R., Donald B. Rubin, "The Central Role of the Propensity Score in Observational Studies for Causal Effects", *Biometrika*, Vol. 70, No. 1, 1983.

Shao, Jun, Kangning Xu, Bin Qiu, "Analysis of Chinese Manufacturing Export Duration", *China & World Economy*, Vol. 20, No. 4, 2012.

Silva, Armando, Oscar Afonso, Ana Paula Africano, "Learning-by-Exporting: What We Know and What We Would Like to Know", *The International Trade Journal*, Vol. 26, No. 3, 2012.

Söderbom, Måns, Qian Weng, "Multi-Product Firms, Product Mix Changes and Upgrading: Evidence from China's State-Owned Forest Areas",

China Economic Review, Vol. 23, No. 4, 2012.

Upward, Richard, Zheng Wang, Jinghai Zheng, "Weighing China's Export Basket: The Domestic Content and Technology Intensity of Chinese Exports", *Journal of Comparative Economics*, Vol. 41, No. 2, 2013.

Vernon, Raymond, International Investment and International Trade in the Product Cycle, *International Economic Policies and Their Theoretical Foundations*, *Academic Press*, 415 – 435: Elsevier, 1992.

Vogel, Alexander, Joachim Wagner, "Higher Productivity in Importing German Manufacturing Firms: Self-Selection, Learning from Importing, or Both?" *Review of World Economics*, Vol. 145, No. 4, 2010.

Volpe Martincus, Christian, Jerónimo Carballo, *Survival of New Exporters in Developing Countries: Does It Matter How They Diversify*? No. IDB-WP-140. IDB Working Paper Series, 2009.

Wagner, Joachim, "Exports and Productivity: A Survey of the Evidence from Firm-Level Data", *World Economy*, Vol. 30, No. 1, 2007.

Wagner, Joachim, "Exports, Imports and Firm Survival: First Evidence for Manufacturing Enterprises in Germany", *Review of World Economics*, Vol. 149, No. 1, 2013.

Wang, Zheng, Zhihong Yu, "Trading Partners, Traded Products and Firm Performances of China's Exporter-Importers: Does Processing Trade Make a Difference?" *The World Economy*, Vol. 35, No. 12, 2012.

Yu, Miaojie, Wei Tian, China's Firm-Level Processing Trade: Trends, Characteristics, and Productivity, *Characteristics*, *and Productivity* (*April* 10, 2012), 2012.

Yu, Miaojie, "Processing Trade, Tariff Reductions and Firm Productivity: Evidence from Chinese Firms", *The Economic Journal*, Vol. 125, No. 585, 2015.